中华武道文化普及系列丛书

中华武道基础

钟海明 主编

由术而艺,由艺而感悟其道
以武修道是全面掌握中华传统文化的最佳途径
天人合一、谦和宽容、知行合一的武道意境是中华武道的终极指向

人民体育出版社

图书在版编目（CIP）数据

中华武道基础 / 钟海明主编. -- 北京：人民体育
出版社，2025. -- （中华武道文化普及系列丛书）.
ISBN 978-7-5009-6578-7

Ⅰ．G852-49

中国国家版本馆 CIP 数据核字第 2025G9N972 号

中华武道基础

钟海明 主编
出版发行：人民体育出版社
印　　装：北京新华印刷有限公司

开　本：710×1000　16开本　　印　张：17.75　　字　数：314千字
版　次：2025年4月第1版　　　印　次：2025年4月第1次印刷
书　号：ISBN 978-7-5009-6578-7
印　数：1—4,000册
定　价：58.00元

版权所有·侵权必究
购买本社图书，如遇有缺损页可与发行与市场营销部联系
联系电话：（010）67151482
社　　址：北京市东城区体育馆路8号（100061）
网　　址：www.psphpress.com

中华武道文化普及系列丛书
编审委员会

总 顾 问：吴　彬
顾　　问：昌　沧　门惠丰　韩　陆
总 编 审：邱丕相
副总编审：张大为　乔凤杰　戴国斌　谭广鑫
总　　编：钟海明
副 总 编：张大为　刘　洪　岳　涛
编　　委：张大为　郝　钢　冯宏鹏　李传国　薛剑峰　刘红军
　　　　　李文博　刘　洪　朱建华　赵子龙　岳　涛　尹华斌
　　　　　彭胜利　张国良　王天明　钟海明

《中华武道基础》编委会

主　　编：钟海明
副 主 编：张大为　喻琳超　朱建华　刘　洪　李建媚
编　　委：张大为　薛剑峰　朱建华　喻琳超　滕建云　马若愚
　　　　　范辛尧　赵　晶　江传荣　何宇轩　张爱霞　宋晓娟
　　　　　刘　洪　岳　涛　王天明　白俊亚　钟海明　杜　虎

序一

中华武道，源远流长，博大精深，犹如一颗璀璨的明珠，在中华民族的历史长河中闪耀着独特的光芒。

武道，并非单纯的拳脚功夫，它蕴含着深厚的哲学思想、道德规范和文化内涵。从古老的武术流派到现代的搏击技艺，中华武道始终承载着中华民族的勇敢、坚韧、智慧和担当。

《中华武道基础》的诞生，犹如在浩瀚的武道海洋中点亮了一座灯塔，为广大热爱武道的人们指引着前行的方向。它系统地梳理了中华武道的历史渊源、理论体系和基本技法，为广大青少年和初学者搭建了一座通往武道殿堂的坚实桥梁。

《中华武道基础》从中华武道的起源说起，讲述漫长的历史岁月中，先辈们如何在与自然的抗争和社会的变革中逐渐形成独具特色的武道文化。从古代的兵家谋略到民间的武术传承，从强身健体的功法到自卫御敌的技巧，中华武道涵盖了广泛的领域，体现了中华民族对生命的尊重和对力量的追求。

在理论体系方面，本书深入剖析了中华武道的哲学基础，如阴阳平衡、刚柔相济、以柔克刚等思想，这些哲学理念不仅适用于武道修炼，更对我们的生活和人生有着深刻的启示。同时，本书还详细介绍了武道的道德规范，强调武德的重要性，倡导习武之人要有仁爱之心、正义之感和谦逊之德。

在基本技法部分，本书通过图文并茂的形式，生动地展示了各种武术招式和训练方法。从拳法、腿法到身法、步法，从器械使用到实战技巧，每一个环节都讲解得细致入微，让广大青少年和初学者都能够轻松掌握中华武道的基本技能。

中华武道，既是一种身体的锻炼，更是一种心灵的修行。它培养人的意志品质、增强身体素质、提高自我保护能力，在当今社会中，中华武道的价值更加凸显。它可以帮助我们缓解压力、增强自信、培养团队合作精神，同时也为传承和弘扬中华民族优秀传统文化做出了积极贡献。

愿《中华武道基础》能够成为广大青少年和武道爱好者的良师益友，引领大家走进中华武道的精彩世界，感受其独特的魅力和深厚的底蕴。让我们共同努力，将中华武道发扬光大，为中华民族的伟大复兴贡献自己的力量。

吴　彬

2024 年 9 月 26 日

序二

中华武术作为民族文化的瑰宝，承载着几千年的历史积淀与智慧结晶。它不仅仅是一种技击术，更是中国人强身健体、防身自卫、修身养性的综合体系。在"武术源于中国，属于世界"的广泛共识下，武术逐渐超越了国界，成为各国人民了解中华文化、增强体魄的重要途径。然而，在武术文化走向世界的过程中，风格迥异的拳种流派，繁杂多变的技术门派，使广大初学者常常感到无从入手，缺乏明确的学习方向和核心理念的引领。

武术"六进"工作的提出距今已近20年，但在普及过程中，进展和成效并不尽如人意。传统武术的推广往往偏重于形式套路的学习，忽略了技击、健身和武道精神的融合；散打搏击则更多依赖于外来搏击术的技术体系，造成了传统武术中核心技法与文化理念的断层，难以有效应对现代搏击对抗。更为严重的是，社会上出现了对传统武术的误解，甚至是曲解，导致其形象受损，这不仅影响了武术的传播，也不利于中华文化的整体影响力。

这些问题的根源在于，武术在传播过程中，缺乏一套系统、科学的理论体系来指导其核心文化理念的传承，以及技法精髓的实践应用。正是在这一背景下，本套"中华武道文化普及系列丛书"应运而生。

此系列丛书的编撰团队集合了武术界优秀学者、传统武术家与高校专家，经过多年研究，积累了丰富的理论与实践经验，力图打破拳种流派的界限，提炼出武术文化的核心理念——即武道作为"技击、养生、艺术"三位一体的统一体。该系列丛书从武道宗旨、文化属性、拳理拳法等基本理论入手，深入浅出地阐述了中华武术的文化内涵与技法实质，并通过现代搏击与传统技法的有机结合，打造出一套适合各级学习者使用的普及教育体系。

这套丛书不仅仅是一套武术入门教材，它以广泛适用为导向，兼具系统性与专业性，涵盖了从大、中、小学生到社会各界人士的不同学习需求。通过分阶段的学习规划，它能够为普通习武者提供清晰的进阶路径，同时也为专业教练和运动员提供了较清晰的理论建构和技术研究。丛书结合了近20年来的研究成果和传统经典拳经，融入现代科研成果，使其具有相当高的学术价值和时代意义。

对于武术的未来发展，本套丛书不仅是对传统的传承与弘扬，更是对现代社会需求的回应。它将帮助更多人认识到武术不仅仅是技击术，更是健康养生与艺术修养的有机结合体，是一种能够改善生活、提高个人素质的生活方式。

相信"中华武道文化普及系列丛书"的出版，必将为中华武术文化的普及与传承做出贡献，推动其在新时代广泛传播和在国际化进程中发挥作用。

邱丕相

2024 年 9 月 27 日

前　言

中华文化是依托各种载体传播与传承的。作为中华民族文化瑰宝的武术，不仅具有悠久的历史，也是学习了解和体悟中华文化最好的载体之一。

数十年来，武术在专业化和普及方面都得到了快速的发展，特别是在走向世界方面更是取得了长足的进步，深受世界各国大众喜爱。一个不容忽视的现象是，在武术传播、推广、发展的过程中，由于种种原因，逐渐形成了竞技套路与散打搏击及健康养生三者互相分离的局面。介绍传统武术各个流派拳种的图书可谓琳琅满目，多姿多彩。然而，传统武术的普及往往仍局限于套路的教学，未能形成传统武术技击与现代搏击的融合。

与此同时，在武术"六进"（指武术进学校、进社区、进乡镇、进企业、进机关和进军营）的过程中，也缺少能打破拳种门户流派之见，具有共同文化理念与拳理、拳法的普及性教材。正是由于缺少武术核心文化理念与体系的引导，社会上才会出现对传统武术歪曲和误解的现象，严重损害了中华武术的本源和正面形象。

中华武术在几千年的传播中始终贯穿着"武道"的思想。"武道"不是个新概念，而是更全面、更明确、更切合实际的表述。"道"在这里早已从"道路"的本意延伸到泛指一切通途，从而赋有"一切事物背后的本质和规律"的内涵，即方法、技能、规律、学说，乃至政治主张、哲学观点和思想体系等。

武与道是一个事物的两个方面，是外在与内涵的协调统一。"武"是外，"道"是内。"武"重在身形外在的锻炼，"道"重在精神、思想、道德、伦理的修养。"武"重在实践，"道"重在理论总结。中华武道已不单指武术，而是指以中华传统哲学理论为基础，以促进人体健康、提高精神修养为目标的学科。"武道"是中华武术的核心。"武与道"二者不可有所偏颇。只强调"武"而忽略"道"，是不能完整传承这一中华优秀传统文化遗产的。

正是基于上述原因，《中华武道基础》应时而生。20世纪中国颇具影响力的书画艺术大家李可染先生，曾提出面对传统要"用最大功力打进去，用最大勇气打出来"。因为，只有深入进去，才能获取并掌握传统技艺之核心奥秘；没有突破传统之勇气，则很难更上一层楼。

《中华武道基础》作为中华武道文化的普及性读物，讲述了最基本的武道宗旨、文化属性、哲学理念及武术演化历史；解读了最基本的核心拳理、拳法，提倡以现代科学养生的训练方法将传统武术功法、技法与现代搏击、竞技紧密结合；主张对广大青少年和广大武术爱好者进行由浅入深的、完整的、科学的武道普及教育。

《中华武道基础》重点剖析中华武道体系是完整的文化体系，是具有优秀中华传统核心文化理念和完整技术理论的大武道体系。中华武道本身就包含技术（技击）、医术（健康养生）与艺术（肢体表达艺术）的特征，三者是相互融合的统一体。

《中华武道基础》不分拳种门派，可供大、中、小学生以及社会各界爱好者有选择地分阶段使用。既可以作为入门普及教材，也可以作为各级专业教练员教学的参考资料，还适合热衷习武强身、丰富习武知识的社会广大爱好者、企事业员工习武之余阅读。

谨此希望《中华武道基础》的发行能对促进全民健康和综合素质的提高有所帮助，希望能有助于培养广大青少年"内圣外王"的浩然正气与民族精神！

"中华武道文化普及系列丛书"将陆续问世。在当今时代，中华武道文化的价值愈发凸显。它不仅可以帮助我们强身健体、修身养性，还能够传承民族精神、促进文化交流。希望这套丛书能够成为广大读者了解中华武道文化的窗口，让更多的人领略到这一古老文化的魅力与风采。

相信在阅读这套丛书的过程中，你会被中华武道文化的博大精深所震撼，也会为中华民族的智慧与创造力而自豪。让我们共同携手，传承和弘扬中华武道文化，为中华民族的伟大复兴而努力！

张大为　钟海明
2024年中秋
于武医书院

目 录

基础理论篇

第一章　中华武道概述 3

一、中华武术的核心——武道 3
　　(一) 中华武道是中华武术文化的核心体系 3
　　(二) 中华武道释义 5
　　(三) 中华武道的宗旨 7
二、武德是武道修行不可缺少的重要部分 11
　　(一) 中华武道修行与教育的特点 11
　　(二) 要习武先修德 12
　　(三) 武道修行的作用和意义 15
三、中华武道的哲学理念 16
　　(一) 武道中的认识论——"天人合一" 16
　　(二) 武道中的辩证法——"阴阳学说" 17
　　(三) 武道中的系统论——"五行论说" 18
　　(四) 武道中的三重境界——"禅武合一" 20
四、中华武道与世界文明 23
　　(一) 中华文明对当今世界文明的意义 23
　　(二) 中华武道对人类文明的影响 25
　　(三) 中华武道将是促进和谐世界的重要纽带 25

第二章　源远流长的武术 27

一、什么是武术 27
二、武术的起源与发展 28
　　(一) 武术起源于原始社会狩猎和战争的需要 28
　　(二) "武舞"是武术套路形成的基础 29

（三）春秋战国时期频繁的战争推动了武术的发展 …………… 30
　　（四）持械武术曾是武术内容的主体 ………………………… 32
　　（五）拳术兴盛象征武术的成熟 ……………………………… 45

第三章　丰富多彩的现代武术运动 …………………………… 49

一、现代武术运动包含的内容 …………………………………… 49
　　（一）传统武术 ………………………………………………… 49
　　（二）竞技武术 ………………………………………………… 50
　　（三）传统养生功法 …………………………………………… 52
　　（四）武术理论研究 …………………………………………… 53
　　（五）现代武医健康养生学 …………………………………… 55
二、现代武术运动的特点 ………………………………………… 56
三、具有代表性的传统武术门派 ………………………………… 57
　　（一）南拳北腿 ………………………………………………… 57
　　（二）中土武功三大宗 ………………………………………… 58
四、细说外家拳与内家拳 ………………………………………… 62
五、传统拳术的风格与特点 ……………………………………… 64
　　（一）动作舒展大方的查拳和华拳 …………………………… 64
　　（二）以内家闻名的形意拳、八卦掌和太极拳 ……………… 65
　　（三）双臂灵活如猿的通臂拳与劈挂拳 ……………………… 69
　　（四）以"北腿"著称天下的戳脚翻子拳 …………………… 70
　　（五）刚猛强劲的南拳和八极拳 ……………………………… 72
　　（六）形神百态的象形拳 ……………………………………… 74
六、技术与功夫 …………………………………………………… 75

第四章　武侠与文化艺术 ……………………………………… 77

一、武术与文学艺术 ……………………………………………… 77
　　（一）武侠故事的实与虚 ……………………………………… 77
　　（二）武术功法的假与真 ……………………………………… 78
　　（三）正确看待武侠文艺 ……………………………………… 78
二、武术与表演艺术紧密结缘 …………………………………… 80

（一）武人从艺不新奇 ······································· 80

（二）艺人习武有追求 ······································· 81

（三）武术在舞台上的艺术展现 ······························· 83

第五章　知行合一始于习武　84

一、能文能武是全才 ··· 84

二、习武可强身健体 ··· 85

三、习武锻炼意志品质 ··· 86

四、习武益于跨界学习 ··· 87

五、习武交流增进友谊 ··· 87

六、初练武术的注意事项 ··· 87

（一）明确练武目的 ··· 87

（二）做到姿势正确 ··· 88

（三）循序渐进 ··· 88

（四）不要蛮干 ··· 88

实践训练篇

第六章　中华武道的礼仪　91

一、仪态举止 ··· 92

（一）谈话姿势 ··· 92

（二）站姿 ··· 92

（三）坐姿 ··· 93

（四）盘腿坐姿 ··· 93

（五）走姿 ··· 94

（六）行立坐卧见真功 ······································· 94

二、中华武道常用礼仪 ··· 95

（一）注目礼 ··· 95

（二）鞠躬礼 ··· 95

（三）合十礼 ··· 96

（四）抱拳礼 ··· 96

（五）握手礼 ·· 97
二、其他通用礼节 ·· 97
　　（一）点头礼 ·· 97
　　（二）举手礼 ·· 97
　　（三）拱手礼 ·· 97

第七章　武术训练中身体各部位的功用 ································ 99

一、身体各部位的功用 ··· 99
　　（一）头与颈 ·· 99
　　（二）肩与背 ·· 99
　　（三）肘 ··· 99
　　（四）腕 ·· 101
　　（五）手 ·· 101
　　（六）腰与胯 ··· 103
　　（七）腿 ·· 104
　　（八）膝 ·· 104
　　（九）足 ·· 104
二、身体协调性原理 ··· 105
　　（一）什么是"三尖相照" ·· 105
　　（二）武术中的"六合"说 ·· 106
　　（三）武术中的"三节" ··· 108

第八章　基本功训练 ·· 110

一、基础训练 ·· 110
　　（一）准备活动 ·· 110
　　（二）柔韧性练习 ··· 117
　　（三）基础腿法练习 ·· 122
　　（四）平衡性练习 ··· 126
二、身体综合素质训练 ·· 128
　　（一）耐力训练 ·· 128
　　（二）弹跳力训练 ··· 129

（三）腾空跳跃 ··· 130
　　（四）力量训练 ··· 133
　　（五）眼法训练 ··· 134
三、基本动作训练 ··· 135
　　（一）马步 ·· 135
　　（二）弓步 ·· 139
　　（三）仆步 ·· 140
　　（四）虚丁步 ··· 141
　　（五）插步（倒插步） ··· 141
　　（六）虎步 ·· 141
四、站桩功 ·· 142
　　（一）太极桩 ··· 142
　　（二）混元桩 ··· 144
五、真气运行呼吸法 ·· 147
　　（一）动作说明 ·· 147
　　（二）动作要领 ·· 150
　　（三）效果观察 ·· 150

第九章　基础功法与套路训练 ······································· 151

一、五行功（五形功） ·· 151
　　（一）起势与三体式 ·· 151
　　（二）五行功的练习 ·· 154
二、32式冲拳 ··· 161
　　（一）概述 ·· 161
　　（二）基础套路训练 ·· 162

第十章　基础对抗训练 ··· 184

一、基础警戒式 ·· 185
二、基础步法 ··· 187
　　（一）滑步 ·· 188
　　（二）侧步 ·· 189

（三）拖步 ·· 192
　　（四）轴转步 ·· 194
　　（五）步法基础对练 ······································ 196
三、基础拳法 ·· 197
　　（一）直冲捶 ·· 197
　　（二）挂捶 ··· 204
　　（三）勾捶 ··· 206
四、基础踢法 ·· 209
　　（一）前踢 ··· 210
　　（二）勾踢 ··· 212
　　（三）侧踢 ··· 215
五、基础防御技法 ··· 218
　　（一）阻挡防御技法 ···································· 218
　　（二）格挡防御技法 ···································· 220
　　（三）闪躲防御技法 ···································· 221
　　（四）步法防御技法 ···································· 222
六、基础对抗训练法 ·· 224
　　（一）基础手靶训练法 ································· 224
　　（二）基础对抗训练法 ································· 230

第十一章　太极拳入门（太极行功） ············ 234

一、基础练习 ·· 235
　　（一）起势 ··· 235
　　（二）收势 ··· 235
　　（三）基本步法 ··· 236
　　（四）动作要领 ··· 237
二、搂膝拗步 ·· 237
　　（一）动作说明 ··· 237
　　（二）动作要领 ··· 240
　　（三）动作解析 ··· 240
三、揽雀尾 ··· 240

（一）动作说明 …… 240
　　（二）动作要领 …… 244
　　（三）动作解析 …… 244
四、云手 …… 244
　　（一）动作说明 …… 244
　　（二）动作要领 …… 246
　　（三）动作解析 …… 246
五、倒卷肱（倒撵猴） …… 246
　　（一）动作说明 …… 246
　　（二）动作要领 …… 248
　　（三）动作解析 …… 248
六、野马分鬃 …… 249
　　（一）动作说明 …… 249
　　（二）动作要领 …… 250
七、玉女穿梭 …… 251
　　（一）动作说明 …… 251
　　（二）动作要领 …… 252

附录　习武实用谚语精选 …… 254

一、话说基本功 …… 254
二、谈谈步法 …… 257
三、说说手脚 …… 258
四、论论拳理 …… 260
五、内外兼修 …… 261
六、习武养生 …… 263

基础理论篇

第一章　中华武道概述

自古以来，中华文明是人类文明中唯一得以连续发展并延续至今的文明。在中华文明数千年的历史长河中，能够与中华文明同时并存而得以延续的有三大文化体系，即汉字文化、武术文化和中医文化。这三大文化体系是中华民族的特征性文化，也是中华文明的瑰宝。

早在两千多年以前，先秦的文化与历史就已展现出"乃文乃武，相与并论"的特点。历史上武术曾被称为"武艺""功夫""国术""技击"等。清末民初，"武术"一词开始广为应用。因为武术在世界文化中唯中国独有，所以在中华民国时期也把武术称为"国术"。

武道是一种内外兼修、术道并重的运动形式，在其漫长的发展过程中，广集技击之精华，摄取养生之精髓，以深邃莫测的玄机秘法，开创了较为系统的技术体系和众多门派。中华武道根植于中华传统文化的沃土，蕴含着中国传统哲理的奥妙，是中华文化的载体，也是个人自我修炼的途径。

武术的原始功能是搏击，是以踢、打、摔、拿等攻防格斗的动作为素材，按照攻防进退、动静急缓、刚柔虚实、内外合一等规律，编排成的一种运动形式。除了能技击格斗，武术也是一种增强体质、培养意志，具有广泛群众基础的体育运动项目。武术是以中国传统哲学和伦理为思想基础，以传统兵家学说、中医学和养生学为科学依据的人类肢体艺术，更具有寓攻防于表演之中的独特的文化表现形式。

一、中华武术的核心——武道

（一）中华武道是中华武术文化的核心体系

1. 武道是传统武术共通的行为准则和开放平台

武术之所以被称为国术，是因为其拥有广泛的群众基础和非常深厚丰富的文化内涵，在技术理论体系方面也很有实力。随着以中国功夫为题材的影片出现，中国功夫得以风靡全球。世界各国无数爱好者寻根溯源，来中国学习中国武术和文化。随着亚武联和国际武联的成立，在专业国际组织的推动下，武术真正开始以多种多样的形式走向了世界。民间的国际性武术交流活动也在持续而广泛地展开。

在专业领域中，长期以来武术已经被有意无意地划分为竞技套路、散打和传统武术三类。竞技套路在向高难度、体操化、表演化演变，无论是在技术动作上，还是在技法运用上，都已逐渐失去武术之核心的攻防含义。

传统武术在推广普及中也需要删繁就简、去粗取精，将其中传统文化的深厚底蕴与丰富内涵充分展现出来。在传承武术文化的过程中，需要建立主体意识，要把武术的技击对抗、健身养生、艺术表达、以武修行有机地融为一体，从提升国民素养的高度出发，大力推广武术文化，促进武术文化的传承。在传承中只有建立起主体意识，才会有选择地回归武术的本源，并将其最具价值的核心内容传承下去。

其实，早在20世纪30年代，国术界的许多前辈们就提出了要用科学的方法创造新国术的建议。倡导对各门各派的武技，取其精华，去其糟粕，在融会贯通的基础上建立一种相对统一的、有组织、有系统、有原理、有方法的新国术，希望在中国国术史上能开辟一个新纪元。

传统武术各门各派之共性的理论和技术要领，正是传统武术之核心理论和共通的基础体系。各门拳的拳理都是相通的，一通百通。其训练、修炼方法可能有所不同，然而到达上乘境界时，往往都是殊途同归的。

为了便于传播与推广，经过对传统武术进行系统疏理，提炼出传统武术之核心理论和共通的基础体系，结合武德和武术哲学等武学文化内涵，搭建了一个互联互通的开放性平台。建立了相对统一的标准体系和操作系统，为使用该系统平台的每个人创造一个自由发展的空间、环境和机制。这就是中华武道文化体系平台。

在20世纪六七十年代，第一位将中国武术推向世界，并为此做出突出贡献的李小龙，当初却是以中国传统武术的叛逆者的形象开辟国际武坛道路的。李小龙首次打破了传统武术的门户之见，摒弃了武术中许多华而不实的技法与套式，直取传统武术技击之精华。特别是将传统武术中长期蕴含的哲学思想——武道哲理提升了出来[1]。创建了"以无法为有法、以无限为有限"为核心理念的截拳道。

---

[1] 李小龙.截拳道之道[M].杜子心，罗振光，译.北京：北京联合出版公司，2014.

从而为中国武术走向世界拉开了开创性改革的序幕。然而，截拳道是什么呢？正如李小龙自己所解释的："我只能说是国术，一个没有门派之分的国术，是反对让武术流入形式化的国术，是从传统中解救出来的国术。"李小龙提出"国术应当有一套完整的道理才对，我希望用哲学精神，融化到国术里面去"的思想。无疑这都将对中国武术各门派之间的整合，以及中华武道体系的建立起到深远的影响。其实，李小龙在提出截拳道的同时，就有"Tao of Chinese Gung Fu"（"中国功夫之道""中华武道"）之说。后来又曾声称，要收回截拳道的名称。可以说李小龙早就是中华武道理念的一位倡导者和推行者。

2. 武道是中华文化的载体

中华武术文化源远流长，是五千年来华夏大地各民族在劳动实践和生活实践中创造、发展并完善的，具有鲜明和独特的民族风格。它根植于中国传统文化的沃土，吸收了中华文化丰富的养分，具有顽强和旺盛的生命力。它以独特、丰富的攻防技击术为形式，承载着中华民族的思想智慧、精神世界、人生哲理、审美情趣等文化特性。它具有完整的、科学的、独特的文化体系，其中浸透了中华民族的价值观念、文化、艺术、生活方式和行为准则。

中华文化的传承是通过修习与传播完成的。历史上的许多大家十分注重文武双修，讲求文治武备。因为，在中华武术文化的学习中，倡导人们修习和养育的是一种"内圣外王"的"浩然之气"，并以武术作为门径，通盘理解中华文化之全貌与核心。此即所谓"以武修道"。可以说，中华武道应成为现代人修习中华传统文化的一个绝好切入点，这正是中华文化中最独具特色的部分。

作为中华民族文化的一个分支，武术文化是中华民族的特征性文化，同样也是世界文明的一个重要组成部分，是华夏子孙对世界文化所作出的卓越贡献，也是全人类的共同精神财富。它极大地丰富了世界文化宝库的内容，为世界人民提供永续享用的精神养分。

（二）中华武道释义

中华文化是一种建立在对宇宙生命的深刻理解上的思维体系。通过修整自我的身心、不断完善自我、提升定力、得到感悟，并把自己的感悟用于实践，以提高自身生命的厚度，提升灵魂的层次。这种践行文化、自我完善的方法和过程被称为"修道"。用社会实践的方法入手取得感悟的称为"文修"，通过自己的身心感悟实践的称为"武修"。文武双修，相互借鉴、互相促进而有所侧重，是最好的"修道"方法。

武道：顾名思义，即"以武修道"，就是以"习武"的方法修道。从肢体的锻炼入手，掌握身体的控制使用规则。

人体关节的角度、身体肌肉的结构限定了动作的合理性，只有在合理的动作范围内才能发挥肢体的作用，这是武术修炼的直接意义。擒拿就是让对手的肢体处于不合理的角度位置而被制服。人们可以从血气之勇的锻炼开始，体验大智大勇；从掌握肢体运动的禁忌、规则开始，进一步体验和遵循社会、自然界的禁忌、法则。

培养勇气、掌握法则，从对肢体的运用入手，通过由身心到意识的锻炼提升认知，达到体验领会生命原理的目标。由肢体、动作而明心，由明心而知天赋生命原理，由对本体的熟知而通晓自然法则。这就是"武道"。

中华武道的根本在于修身，这种修身首先是从"格物、致知、诚意、正心"入手的。修习者通过明了肢体的运作而"格物、致知"；再由"诚意、正心"而入武道修行的门径。由修身至修心，进而修德。"德则能润身矣，故心无愧怍，则广大宽平，而体常舒泰"，自然"精气神"饱满。通过"武道"的实际修养，达到修身达道之目的。进可以自立立人，齐家、治国、安平天下而完宏愿；退可以独善其身，安身立命而全其生。

定力的修炼是任何修行不可或缺的重要部分。武道于此有着得天独厚的优势，具有拳禅合一、体用合一、知行合一的特点。可以说武道是人生修道的一条快捷途径和方式。

武道的修行，讲究知止而后有定。止，就是到那里停止，也就是拳术的规矩。拳术进行套路和对抗锻炼的目的就是要知道规矩。拳术内在的规矩和规则是经过几百年多代拳师的优化，按照肢体关节的天然特点制定的，是一份宝贵的文化积累。在套路和对抗的锻炼中肢体逐渐能自然而然地符合规矩不逾矩，协调性、平衡性都会有大幅提高。肢体各归其位，均在最佳位置、最佳状态，待命而不动，身心少散乱，没有纷杂的欲念，定力自然提升。

武术功法的练习，大都强调身形结构的合理，姿势的顺位，经络、气脉的通畅。配合上养生心法和呼吸方式的锻炼，能够很好地健身与养生。可以说，经典的武术练习方法，完全契合中医文化中经络学和藏象学知识。这从侧面印证了武医不分家，中华文化是一体多元的。

习武能"炼精化气、炼气化神、炼神还虚"。人体先天藏精于肾。精与血同源，可以相互滋生，相互转化。精血化气，气化神。好的武修方法不仅不消耗人的先天储藏，还能靠锻炼增强自身精气神，使人保持活力，保持健康。

拳经中有"先在心，后在身""全身意在精神，不在气，在气则滞""气为旗，腰为纛。先求开展，后求紧凑""其根在脚，发于腿、主宰于腰、形于手指，由脚而腿而腰"等语，此即是拳术中的"本末、终始、先后"，明了并把握这些原则而能实际应用，则可以说是贴近"武道"了。

中华之道的修养，不仅仅是通过思辨、言论就可以达成的，道的修养是切身的实际体验，是形诸于诸身、诸物的学问，是理论到实践的统一体，需要在不断的实践中逐渐加深对性命、自然的理解，而达到"至善"的目标。

（三）中华武道的宗旨

中华武道的入门法则是养勇；

中华武道的修习心法是知止；

中华武道的修行目标是培养浩然之气。

1. 养勇的意义

放眼历史长河，唯我中华民族、中华文明历经几千年风雨飘摇而巍然屹立。这个勤劳勇敢的民族，在几千年的历史中涌现许多可歌可泣的英雄人物、英雄事迹，每到民族危亡之际总能转危为安，使中华文明源远流长不致间断。综其要略，"智""勇"二字足以说明。

《孟子·公孙丑章句》

孟子曰："北宫黝之养勇也，不肤挠，不目逃。思以一豪挫于人，若挞之于市朝；不受于褐宽博，亦不受于万乘之君；视刺万乘之君，若刺褐夫，无严诸侯。恶声至，必反之。孟施舍之所养勇也，曰：'视不胜犹胜也；量敌而后进，虑胜而后会，是畏三军者也。舍岂能为必胜哉？能无惧而已矣。'"

昔者曾子谓子襄曰："子好勇乎？吾尝闻大勇于夫子矣：自反而不缩，虽褐宽博，吾不惴焉；自反而缩，虽千万人，吾往矣。"

（译文：孟子说："北宫黝这样培养勇气：肌肤被刺不后退，眼睛被刺也不眨眼。想到输给对手一毫毛，就如同大庭广众下遭鞭挞。既不能忍受卑贱之人的侮辱，也不能忍受大国君主的侮辱；他看待刺杀大国君主如同刺杀卑贱之人一样。对各国的君主毫不畏惧，挨了骂，一定回敬。孟施舍培养勇气的方法〔又有所不同〕，他说：'我看待不能战胜的敌人，跟看待足以战胜的敌人一样〔无所畏惧〕；如果先估量敌人的力量才进攻，先考虑胜败才交锋，是害怕强敌大军的人。我岂能做到遇敌必胜呢？不过是能做到无所畏惧罢了。'"

从前曾子对子襄说："你想成为勇敢的人吗？我曾经从我的先生孔子那里听到过什么叫

'大勇'：反躬自问，自己不占理，对方即便是最卑贱的人，我也不去恐吓他；反躬自问，自己占了理，即便对方有千军万马，我也勇往直前。")

第一层的"勇"，是指身体被矛刺而无所屈服，面对矛刺而不转睛逃避。不受匹夫辱，也不受大势力之辱，视大势力如同匹夫，毫不畏惧任何势力，睚眦必报。这是刺客的"勇"，有必胜的勇气。

第二层的"勇"，是指不畏惧自己的实力不如对手而勇于拼搏。不是考虑有必胜的实力才进攻，不考虑成败，而是毫不惧怕。这是战将的"勇"，气吞山河而无所畏惧。

第三层的"勇"，是指古代第一武圣孔子之勇。反省如果是自己没有道理，即便是没有实力的弱势群体也不欺负；若自己符合道理，即便是有千万人反对，我也会勇往直前。这是"大勇"，是浩然正气的表现。

孔子曰："仁者不忧，知者不惑，勇者不惧（三者一体）。"但是，勇不是无限制的狂暴，而是有节制的力量宣泄。"勇者，基于智；本于义；合于理；达于仁；通于道"。这种智慧仁义的浩然大勇正是中华民族之灵魂。孟子曰："可以取，可以无取，取伤廉；可以与，可以无与，与伤惠；可以死，可以无死，死伤勇""好勇斗狠，以危父母，五不孝也"。而这个"节制"就是"知止"。

2. 知止的要义

知止，顾名思义就是知道如何停止，也就是要知道如何应用力量，如何应用"勇"。

所谓"止"，是遵守规律，不违反自然定理。在拳术中有"上不过眉，下不过脐，左右不过肩，前出不过肘""形不破体，力不出尖"的说法，这些都是拳术中的"止"。人体结构决定了在这个范围内才有完整的控制，超出这个范围是不能发力的。强发则毫无力度，而且无法保持身体的良好形态，强发之中与不中均会失去防御能力。

中华武道完全是围绕"知止"这个主题展开的，其入门的套路就是一个训练肢体"知止"的过程。从肢体的训练入手，由知规矩到懂规矩，进而脱规矩而不离规矩，在自然而然的自由发挥中去符合自然的规律，使自身的思维方式均符合天地间的道理，进而扩而广之，应用于人生的一切事务中去。

能够在应该停止的时候停止，不因为不合时宜的期望而丧失时机，是一种理智控制欲望的表现；而知道什么时候该停止，什么时候可以前进，则是智慧。理智并不完全等同于智慧，理智是不被喜、怒、哀、乐、财、色、名、食左右；而智慧含义则很广阔，最基本的表现为知道什么事情应当做、什么事情不可以做、应该做的事情怎么做成功。但这两者均可以通过平时的训练而不断增强。

3. 培养浩然之气的要义

《孟子·公孙丑章句》

"敢问夫子恶乎长？"

曰："我知言，我善养吾浩然之气。"

"敢问何谓浩然之气？"

曰："难言也。其为气也，至大至刚，以直养而无害，则塞于天地之间。其为气也，配义与道；无是，馁也。是集义所生者，非义袭而取之也。行有不慊于心，则馁矣。"

（译文：公孙丑问说："请问先生在哪方面擅长？"

孟子说："我能理解别人言辞中表现出来的情志趋向，我善于培养我拥有的浩然之气。"

公孙丑说："请问什么叫浩然之气呢？"

孟子说："这难以说得明白。那浩然之气，最宏大最刚强，用正义去培养它而不用邪恶去伤害它，就可以使它充满天地之间无所不在。那浩然之气，与仁义和道德相配合辅助，不这样做，那么浩然之气就会像人得不到食物一样疲软衰竭。浩然之气是由正义在内心长期积累而形成的，不是通过偶然的正义行为获取的。自己的所作所为有不能心安理得的地方，则浩然之气就会衰竭。"）

浩然之气，不是呼吸，也不是气功，应该说是一种由智慧、毅力、勇气、胆魄、和谐的身体机能共同组成的一个"综合强势"。

浩然之气，是"知止"的智慧应用于素养之"勇"气的最终结果。

浩然之气，是中华民族传统文化所独有的一种形式，不会表现为一种凶狠，也不是为抵消内心的紧张和胆怯而显现出的奋争。

"浩然之气"其表现形式就是孔夫子的"自反而不缩，虽褐宽博，吾不惴焉；自反而缩，虽千万人，吾往矣"，是一种可以充塞于天地之间的正气，一种平静的、和谐的、智慧的无畏。"浩然之气"也是中华武道的终极体现。

"浩然之气"在武道体用修行中，具体可表现为"中线"（或称为"中脉""中气"），是从百会到尾骨前端的一条"钢丝"，上通天，下接地，中间汇于"命门"。刚正不阿，独立而统领全身。既可以沛然于天地之间，又可以含和于庭院之中。"浩然之气"是道体武用的"定盘星"，也是修身养性的关要所在。

具体到练拳中来讲，时时保持"虚灵顶劲"，对抗之时，做到"只要喉头永不抛，问尽天下英豪。"这些正是从肢体上修养浩然之气的关窍。

"浩然之气"由"修养"而得，修是修正偏差，养是保养壮大。

这个"浩然之气"正是武术登堂入室，由武"术"进入武"道"的关窍。

从血气之勇的培养入手，通过系统的训练，掌握"武"的规矩。由身、心的锻炼与养育，逐渐形成浩然大勇；由武"术"入武"道"，经武而成文，文武兼备，阶级渐进，从而步入中华文化的辉煌殿堂。

浩然正气是武道修养的最高境界。有正气的人，神态、气质都会不同，一眼看去胸怀宽广，神情磊落，行为行事有尺度，有气节。

"天地有正气，杂然赋流形。下则为河岳，上则为日星。于人曰浩然，沛乎塞苍冥。皇路当清夷，含和吐明庭。时穷节乃见，一一垂丹青……"

这是文天祥《正气歌》中的诗句，文天祥所代表的爱国精神、坚贞的民族气节、舍身取义的英雄行为世代流传。数百年来，文天祥的精神志节一直影响激励着历代仁人志士为抵御外侮、为正义舍身忘死。史可法、顾炎武、林则徐、谭嗣同等著名英雄人物，均是这种不屈的民族气节的坚定守卫者。其中，顾炎武"天下兴亡，匹夫有则"的名言影响了一代又一代人。谭嗣同的"我自横刀向天笑，去留肝胆两昆仑"的诗句，抒发出为了正义和信念直面死亡的满腔豪情，惊天地、泣鬼神。

在现代，那些为了挽救民族危难、为了国家富强抛头颅洒热血的革命英雄们，同样是继承了流传了几千年的中华文明中的"浩然之气"。黄兴、李大钊、狼牙山五壮士、董存瑞、黄继光等，他们的情操无不是中华民族自古流传下来的精神气节的映照。陈然烈士在《论气节》一诗中指出："气节，是一个人修养的最后一级，也是最后的考验。"

《正气歌》崇高的道德力量，文天祥"集义"所生的浩然正气，鼓舞了一代代中华民族优秀儿女同敌人、同自然进行不屈不挠的斗争。

"在灾难降临的时候，他们不妥协、不退缩、不苟免、不更其守！固执着真理去接受历史的考验！" 这些都是在民族危难时激发出的"浩然正气"，正是《正气歌》中的"时穷节乃见，一一垂丹青"。

1840年鸦片战争以后的100余年，是中华民族的劫难期，中华民族蒙受了太多的磨难，忍受了太多的屈辱。可是在中国力量磅礴增长以后的今天，我们没有记恨、没有报复，我们放下了嗔恨，我们提出了"和平崛起"，并且正在实施我们的"和平崛起"，我们对世界上的任何国家以诚相待。既要强调一个强大国家应有地位的霸气，又要表现出文化大国的王者风范。这就是"含和吐明庭"，其表现为端正祥和。

"浩然正气"是在中华文明几千年传承中，中国文化精神的一个重要支撑部分，是中华民族精神力量的核心。正是因为每当民族危亡之时，就会涌现一批优秀的中华儿女，抛头颅、洒热血，挽救民族和大众于水火之中，所以中华民族才在传承了几千年之后而依然长存。中华民族的历史就是一部至大至刚、浩然正气消长沉浮，并渐渐形成公认的价值取向的历史。

浩然正气至大者，天无私覆，地无私载，日月无私照，心底无私天地宽。至刚者，就是孟子所说的："富贵不能淫，贫贱不能移，威武不能屈"的这种磅礴天地的精神。这也是中华武术侠文化所追求的目标，是武德修养的至高境界。

如今的中国在国际上所表现出来的正是武术文化内在的"浩然之气"，有气势、有克制、且宽容大度，不欺辱他人，但也绝对不被人欺辱，"浩然之气"是中华民族的脊梁。

二、武德是武道修行不可缺少的重要部分

（一）中华武道修行与教育的特点

首先，武术作为中华民族之国粹不仅有着数千年的历史，而且在其传承、修行和教育的过程中，有着与其他西方竞技体育完全不同的特点。即便在中国古代文化"六艺（礼、乐、射、御、书、数）"中，武道与其他学科相比，具有着"体用结合""言传身教""口传心授"等鲜明特征。武道修行不同于其他技艺，是一门实践性非常强的学科，其每一理论正确与否都是可以通过身体的实践来验证的。同时其理论又可时时指导和检验每一技法、功法修炼的正确与否。

其次，德育先行也是武道修行区别于其他文化技艺的显著特点。在中华武道的教育中均强调"未习武先习德"。中华民族在漫长的历史发展中，建构起了十分成熟的伦理道德价值体系。传统的伦理道德是中国古代道德文明的精华，是中华民族大家庭共存共荣的内在凝聚力。同时，它在价值取向上形成了中华民族人格道德的精髓与灵魂。

长久以来，中华文化在儒、释、道三家思想相互渗透、相互补充的内在结构与格局的熏陶下，形成了第一，以"仁"为核心的中华民族道德精神的象征。"仁"德的核心是爱人。"仁"应该是中华民族的共德和恒德，应该是中国各个历

史时期各种道德中最基本的、也是最高的德目。第二，以"礼"为立身处世的道德准则。中国伦理文化从某种意义上可以说是"礼仪文化"。第三，以"义"为人的根本特点和价值取向。义，代表公义、正义、道义。义的价值高于物质利益，是放在第一位的。第四，以"节"为个人道德修养的最高境界。"节"简单说就是气节和情操。中华民族自古以来就有崇尚气节的传统，并将守节视为个人道德修养的最高境界之一，这也是推动民族发展的巨大精神力量。[①]

武道修行中的武德正是这些中华传统伦理道德的集中体现。

最后，武德的修炼是始终贯穿于武道的修行和教育之中的。这也是武道区别于其他技艺学科的一大特点。所谓武德，并非是一个抽象的概念，而是指在习武群体中长期以来形成的对习武者的自身行为规范的要求。同时，它又协调着习武者之间的人际关系，影响着习武者自身以及各类社会活动。

作为一种行为规范的培养，武德并不是一蹴而就的，特别是在这一群体中作为人的伦理道德的修养。武德是要求修行者在武道的长期修行磨炼中逐步养成的。其武功的水平也往往是与其武德修养的境界密不可分的。武德修养与武功一样有着不同的层次结构，需要在习武的过程中不断修行提高。

（二）要习武先修德

1. 武德的基本原则

崇德尚武，发扬民族精神，是通常所提倡的武德的基本原则。武德在发展过程中，从最初维护民族利益的道德观，到现在把国家、民族的利益放在首位，冲破单一、狭隘的道德意识，最终使尚武与尚德紧密结合，构成了中国民族精神的主体。崇德是尚武的前提，尚武是崇德的反映，通过崇德尚武，最终要发扬"自强不息""厚德载物"的民族精神，为社会做出贡献是武德的基本目标。

2. 武德的主要内容

（1）为国为民，深明大义。俗话说"德之大者为国为民"。练得一身武艺，为的是报效国家。在国家、民族、人民需要的时候，毫不犹豫、挺身而出、舍生忘死。做到这一步，就要具备社会主义核心价值观。习近平总书记说，"核心价值观，其实就是一种德，既是个人的德，也是一种大德，就是国家的德、社会的德"。

（2）见义勇为，遵纪守法。见义勇为，就是要有正义感，路见不平拔刀相

[①] 肖虎平. 从传统伦理道德的价值取向审视构建当代武德的必要性［J］. 职业圈, 2007 (20): 16-17, 55.

助。遇见善良百姓受到欺凌、侮辱、侵害时，要敢于上前扶弱抑强；遇到地震、洪水、失火等灾荒祸事时，遇到有人突然发病、突然受伤、处境困难、需要救援时，敢于挺身而出，奋不顾身，竭尽全力，给予帮助。

不过，在现代文明社会里，打抱不平要以遵纪守法为依据。如果做好事，却不顾法律，以自己的喜好、嫌恶为标准，任意伤人、寻衅滋事、无事生非，这些都是要承担法律责任的。在现代文明社会里，遇到违法乱纪的人，除了要勇于制止，还要将他绳之于法，交给执法单位依法制裁。

（3）胸怀宽广，不发淫威。因为过去武术是杀伐击刺之道。拳脚器械皆可用于实战。一举手一投足，轻则致人伤残，重则置人死地。无德无行之人掌握此道，岂不是会危害社会、危害人民。越是武艺高强、道德品质败坏的黑道歹徒，为非作歹的能量就越大，所造成的危害也越大。反之，这种杀伐击刺技术被道德高尚的人掌握，就能威慑、抑制歹徒作案，就能保护善良的人民，做出对社会、对人民有益的事。故习武者应保持对弱小、对人民的慈悲仁爱之心，保持宽广的胸怀和气度，不利用自身武艺恃强凌弱。

（4）尊师重道，团结进步。尊敬老师、重视学问、团结友善、共同进步，我们从小就受到这方面的教育。现代文明社会里的武术运动，虽然是以格斗技术为锻炼内容，但更是以强身健体、锻炼意志为目的。互相看不起、争强好胜、贬低别人、吹嘘自己，特别是仗着会点武术就在同学之间逞凶称霸、欺负弱小，这都是非常不道德的行为。不仅与现代社会文明格格不入，还会因为不讲武德而遭到所有习武人的唾弃。

在过去，传拳授艺第一看中的是弟子人品。择徒之严几近苛刻，有五不传的说法，指的是不传"心险者、好斗者、狂酒者、轻露者、骨柔质钝者"这五种人。除第五种指的是身体柔弱、不健壮的人外，其余四种均指的是品质有问题的人。在选出徒弟之后还必须有一段长时期的考验，甚至有"审看三年"的说法。待认定弟子品行确实良好，师傅才肯传授真实本领，其意就在"不传匪人"。清代名武师李洛能拜在山西形意大师戴龙邦门下学艺，三年之中仅学了一式劈拳，半趟连环拳。三年后，戴龙邦认为他品德可靠才授予真传。李洛能也终于成为河北派形意拳的开创者。

（5）既讲手德，又讲口德。传统武术的道德思想渗透着"仁义"观念。过去讲武德，常分为手德和口德。手德，就是手下留情，与人争斗，不到你死我活的地步，不能下黑手，置人于死地。口德，就是不要恶语伤人。不要议论他人的过错、缺陷、短处，不以揭人隐私为乐，不搬弄是非、挑拨离间，更不要唯恐天下不乱，妖言惑众。要讲团结。拳谚说"拳硬舌头软，舌软也伤人"，又说"宁伸扶人手，莫张陷人口"。这是对"口德"的要求。

时代不同了，道德行为规范必然有时代的新解，也必须与时俱进。今人谈论武德必须先讲总原则，那就是"德之大者，为国为民""以武功为祖国、为人民服务"，再提如何在今天的社会做人、做事。具体来说便是以是非分明、遵纪守法、敦品励行、尊师重道、文明礼貌、表里如一、举止庄重、急公好义、大公无私、勇往直前、慷慨为国为美德。以品行不端、狂妄自大、嫉贤妒能、虚诳、油滑、欺凌弱小、横行霸道、卖国求荣为恶德。具有美德的人必为大众所敬重，具有恶德的人必为大众所唾弃。

为了便于记忆和普及，在现代习武传播者之间逐渐将武德培养归纳为"十武"：

武德高——爱国爱民，品德高尚。强调为武之道，以德为本。

武旨正——强身健体，卫国防身。

武纪严——不斗凶狠，遵规守纪。

武风良——尊师爱生，互研拳学。

武礼谦——抱拳行礼，谦和礼貌。

武志坚——意志坚强，百折不挠。

武学勤——拳不离手，勤学苦练。

武技精——钻研武技，精益求精。

武仪端——举止庄重，容端体正。

武境美——环境优美，井然有序。

3. 武德的层次结构

武德的教育也如同武道功夫的锻炼一样，也可归纳划分为三个层次结构。即：第一层，日常伦理道德的培养；第二层，习武养勇精神的磨炼；第三层，浩然、侠义、气节的修炼。

第一层，武德教育也就是习武之人的伦理规范教育。武德的基础教育是以中华民族传统日常道德伦理教育为基础的，也是它的延伸。在入门阶段，"孝悌、恭谦、礼让"等正是最基本的伦理规范。

第二层，实际上是习武过程中，对人的意志力和尚勇精神的磨炼与培养。因为，习武的过程就是一个人意志品质磨砺的过程。这种磨炼的目的，正如孟子说的:"故天将降大任于斯人也,必先苦其心志,劳其筋骨,饿其体肤,空乏其身,行拂乱其所为,所以动心忍性,曾益其所不能。""苦其心志"具体来说就是要磨砺人的专心、苦心和恒心。这"三心"构成了习武者的基本意志品质,这也是完成以武修道的基本保障。没有专心,则不能抵抗外欲的诱惑与干扰,就不能专注地进行修炼。没有苦心,就不可能在枯燥、艰难的训练中去主动磨炼自己的"心性"。由"心浮气躁"渐而达到"知止而后有定""动静相宜"。没有恒心,就不可能在漫长的训练过程中持之以恒,会前功尽弃或半途而废。在中华武林的历代传承中,往往也以此作为择徒的标准和考核的要求。

第三层,正是在上述武德修养的基础上,进一步注重武者在更高的精神境界方面的修养。即"内圣外王"的侠义精神和"浩然之气"的养育。

武德教育中,这三层的教育并非相互割裂开的,而是密切相关、互相影响和相互促进的。历代习武授武者均把武德教育列为习武授拳之首。各门、各家均将此列为是否传授武道的依据,并列出习武者"四忌""五不传""十不可"等各种规定和戒律。纵然,其中有些难免带有一定封建、保守的色彩。但是其总体概念可归纳为:"无德人品不端者不传;外欲太多者不传;不知师道者不传;好事好愠不知珍重者不传;轻浮外露者不传。"至今,这些仍成为民间武林修行传道时,选择习武者的基本要求。

(三) 武道修行的作用和意义

这里所谈武道修行的作用和意义,不限于习武对人的身体、体格、技艺等各方面的作用和意义。而主要是指在武道修炼过程中武德修养的不断提升,对人生和社会的作用和意义。

传统武德作为中华武道中的文化背景,对于整个社会来说,有着它自身的内容和特点;对于每一个习武者来说,则具有一种普遍的精神指南意义。作为对习武者的行为规范,传统武德在本质上提出了一个如何做人的价值尺度。这个价值尺度并非是笼统抽象的概念,而是具有多重内在结构并贯穿于广大习武群体习武修炼过程中的道德伦理准则。中华武林在漫长的发展过程中一直都十分注重道德的教育,注重对习武之人在"仁、义、礼、智、信"各方面的培养。这"五常"不仅涵盖了爱国之德、处世之德、侠义之德、振奋民族精神,更多的是培养人们遵守社会公德。它教育习武者追求高于物欲的精神价值,这将有利于人与人、人与自然、人与社会的和谐发展。对构建和谐的社会和世界具有十分积极的促进作用,武德的弘扬和发展也将带动整个社会风气的健康发展。

从军事方面来看，正如赵可铭上将所说的，"著名军事哲学家克劳塞维茨曾专门研究过武德的作用，认为它同统帅的才能、军队的民族精神一样，是战争中最重要的精神力量之一。在中国，军队注重武德作用，强调'德行者兵之厚积'，努力培育和塑造'仁义之师''有德之师'，是中华民族军事活动的一个突出特点。在长期军事斗争中，特别是保家卫国战争中，中华民族形成了注重气节、舍生取义、敢于战斗、勇于牺牲、顾全大局、严守纪律等优秀的武德文化传统。中国的人民军队是中华民族优秀武德文化传统的继承者和发扬者。中国军队长期以来十分注重宣传阳刚精神，用阳刚文化催生斗争勇气，鼓舞战斗意志。在这种阳刚文化的激励和哺育下，诞生了无数战无不胜、攻无不克的英雄集体，涌现了无数面对强敌、敢于亮剑的无畏斗士。"[1]

武道修行与武德教育的传播与弘扬对整个社会伦理道德的规范，以及和谐文化的构建均具有十分重要的作用和意义。

三、中华武道的哲学理念

中华武道的认识论——"天人合一"；
中华武道的辩证法——"阴阳学说"；
中华武道的系统论——"五行论说"；
中华武道的三重境界——"禅武合一"。

（一）武道中的认识论——"天人合一"

近年来，人们通常把"天人合一"看成是中华文化的一个重要特征。

天人关系是指人与自然的关系。古代思想家认为，人与天地万物的本性之间，存在着一种普遍的联系和相互作用关系。人与自然的合一，其中心理念就是顺应自然。这个"自然"不是指自然界（天地万物），而是指"本然"，指天地万物之原来的本性。天也是指自然之天与天命之天的结合。

《黄帝内经》中明确地提到："人与天地相参也，与日月相应也。""人与天地相参"强调的是人与自然界的统一关系。《灵枢》中提出："春生、夏长、秋收、冬藏，是气之常出，人亦应之。"《素问·宝命全形论》中提出："人以天地之气生，四时之法成。"这些论述都强调了人和万物一样，都是天地之气合乎规律的

---

[1] 朱豪然. 赵可铭上将军队要大力建设武德文化阳刚文化［EB/OL］.（2007-02-19）［2024-01-24］. news.enorth.com.cn/system/2007/02/19/001554001.shtml.

产物；人体的生理过程与自然界的运动变化存在同步关系；人体与自然万物同受阴阳五行法则的制约，并遵循同样的运动变化规律。

"天人相应"的哲学观念是传统养生方法创立的基础，也为传统养生理论的形成提供了哲学上的依据。在传统的养生理论中，阴阳五行学说占有十分重要的地位，而这种学说也是以"天人相应"的观念作为哲学依据的。所谓"天以阴阳而化生万物，人以阴阳而营养一身"，实质上正是"天人相应"哲学理论在人体阴阳学说中的具体展现。这一点《素问·天元纪大论》则讲得更为透彻："天有五行，御五位，以生寒暑燥湿风；人有五脏，化五气，以生喜怒忧思恐。"中华养生理论的产生和完善是与"天人相应"的哲学观念息息相关的。

"天人合一"的基本点就是天人相通。武术是人体的运动，人体自身的运动和宇宙的自然运动是紧密相连的，其"本然""本性"都是相一致的。顺应自然、遵循自然规律是武术的基本原则。要达到武术的目的，就必须要和宇宙自然运动统一和一致。传统武术练功十分注重按照自然界四季和人体机能的变化，采用相应的方法练功。人生活在自然界，自然界的一切变化都会影响人体生理机能的变化。只有顺应四季的变化，让主观顺应客观，才能提高锻炼效果，如果违背了自然法则就会损害身体的健康。

武术家们依据天人相应的传统思想，创造了武术的拳法理论，认为"人身一小天地，天地一大人身。"天地间万物是阴阳二气变化生成的，气聚则成形。天人的关系就是大宇宙和小宇宙，人为小宇宙，充满小宇宙中的阴阳二气与周流在大宇宙的阴阳二气互相通融，也就是"人在气中，气在人中"，即"天人相通"。在传统太极拳中便将"天、地、人"称为"三才"，这正是贯穿了"天地人合一"的基本思想理念。

（二）武道中的辩证法——"阴阳学说"

在浩瀚的中华文化中，最能反映其基本理论的是"阴阳"辩证法和"五行"系统论，阴阳的思想反映的是平衡，五行的思想则反映的是整体的相关性。

阴阳，是古人对自然界相关联的某些事物和现象的对立双方，以及同一事物内部相互对立的两种因素的抽象概括。《易传》一书中包含了丰富的辩证法思想，在充分肯定世界具有永恒运动属性的同时，还着重探讨了事物运动变化的原因，认为一切运动都源于阴阳两种对立势力的相互作用。《易传·系辞》提出："刚柔相推而生变化""日月相推而明生焉""寒暑相推而岁成焉"。意思是说，无论春夏秋冬的循环推移，或是昼夜明暗的交替，无一例外地产生于阴（柔、月、寒）

— 17 —

阳（刚、日、暑）的相互作用，世间的万事万物无不处在阴阳的相互作用中生长、变化；阴阳一旦毁灭，事物的运动和变化也就不复存在了。在此基础上，《易传·系辞》中明确提出了"一阴一阳之谓道"，认为阴阳的对立统一乃是世界运动变化的总规律。

中国传统养生理论认为阴阳是人体生命活动的根本属性。《素问·生气通天论》中称："生之本，本于阴阳。"所谓"本于阴阳"，是指"阴精"和"阳气"的运动贯穿整个人体的生命活动。一方面只有阴阳保持相对平衡，人体才能维持正常的生理功能活动。另一方面则是指人体作为一个有机整体，它的一切组织结构均可划分为既相互联系，又相互对立的阴阳两部分。

尤为可贵的是，中华养生理论所理解的平衡并非一种绝对的静止，而是一种充满矛盾的特殊运动形式。《素问·六微旨大论》中就提出了"升降出入，无器不有"的观点。意思是说，世间万物的平衡都是运动过程中的一种相对静止状态。

"阴阳"辩证法不仅是中医学的理论基础，更是武学武道之基础。在传统武术的各个拳种中无不贯穿着"阴阳"辩证法。"阴阳"辩证法正是中华传统文化思维方式在武道中最基本的运用。在武道拳理之中无处不见阴阳的平衡转换之术。无论技击对抗，还是自行修炼，都十分强调"守中""适时"和"中和"。例如内外的平衡、左右的平衡、前后的平衡等。拳理拳法无不运用阴阳平衡之理念。这种平衡就表现为"中"，也就是要掌握好分寸和尺度。

此外，武术家还强调以阴阳互根、阴阳消长、阴阳转化作为武术技法的基本原理。依据此理论，武术家们要求做任何一个动作时，都要注意主动肌收缩（阳）与对抗肌舒展（阴）的有序配合，这样阴阳统一于一体，动作才会协调灵便，动作的高低起伏、急缓快慢、刚直柔圆才会对立衔接地有层次感。习武修炼中，身体各部位五张弓的开弓与释放，正是蓄势与发放的互相转换，即武术动作中的阴阳转换。

（三）武道中的系统论——"五行论说"

"五行"是指木、火、土、金、水五种具体形态的基本物质。五行学说就是用上述五种基本物质解释世界的构成，是一种具有古代朴素辩证法因素的哲学思想。

中国古代先贤认为宇宙间的许多事物都具有五行属性，并对五行作了相应的归属。凡具有寒凉、滋润、向下、静藏等特性和作用的事物及现象，均可归之于"水"；凡具有温热、升腾、繁茂、昌盛等特性和作用的事物及现象，均可归之于

"火"；凡具有生长、升发、条达、舒畅等特性和作用的事物及现象，均可归之于"木"；凡具有肃杀、潜降、收敛、清洁等特性和作用的事物及现象，均可归之于"金"；凡具有生化、承载、受纳等特性和作用的事物及现象，均可归之于"土"。

古人采取类比方法将自然界千变万化的事物按其不同性质、作用纳入五行的属性。（表1）

表1　五行属性对应表

自　然　界							人　体				
五行	五音	五味	五色	五方	五时	五化	五脏	五官	五体	五态	五液	五声
木	角	酸	青	东	春	生	肝	目	筋	怒	泪	呼
火	徵	苦	赤	南	夏	长	心	舌	脉	喜	汗	笑
土	宫	甘	黄	中	长夏	化	脾	口	肉	思	涎	歌
金	商	辛	白	西	秋	收	肺	鼻	皮	悲	涕	哭
水	羽	咸	黑	北	冬	藏	肾	耳	骨	恐	唾	呻

五行学说的重要意义，在于它以五行之间的相生相克观点来探索、阐释复杂系统内部各事物之间的相互联系，以及在此基础上体现出来的统一性、完整性和自我调控机制。"五行相生"就是指某一事物对其他事物的促进、助长和滋生等积极作用，作用的顺序为木生火，火生土，土生金，金生水，水生木。"五行相克"则是指某一事物对其他事物的抑制、约束等消极作用，作用的顺序为木克土，土克水，水克火，火克金，金克木。

由于五行之间的相生相克，所以对于其中的任何一"行"，都与其他"行"存在着"生我""我生""克我""我克"四方面的联系。以"金"为例，它与"土"之间为"生我"关系，与"水"为"我生"关系，与"火"为"克我"关系，与"木"为"我克"关系。在古代哲学家看来，正是事物内部结构的这种相生相克关系造成了该事物正常情况下的循环性运动，而正常的循环性运动则是事物生化作用的重要前提。

（四）武道中的三重境界——"禅武合一"

习武者练到一定阶段，往往就会通过站桩、静坐等把练拳习武与修禅联系起来，特别是闻名于世的少林寺及少林拳更是以"禅武合一"著称天下。当年菩提达摩一苇渡江来到嵩山少林寺，选择把五乳峰上的石洞作为修行之地，面壁九年，"明心见性"，创建禅宗。达摩以"壁观教人安心"。壁观包括四点："外息诸缘，心如墙壁，内心无喘，可以入道。""息有四相，风喘气息"。用心在"息"上，不在风、喘、气。如丝如缕，若有若无，气息就会越来越细。并将其武功传授于少林僧人。自此，"禅武合一"便被奉为少林寺之宗旨。

然而，禅修与习武合而为一的理念，绝非仅限于少林寺和少林拳法。由于武道禅修中蕴含了深邃的哲学理念，修道与修禅一直被习武之人认作是通向最高境界的道路。

1. 武与禅

什么是禅？"禅"本身就是提高功夫和修行的重要依据，因为禅"外不着相，内不动心"。它的基本含义就是息心静寂地参悟。因此，禅也并非都是宗教方面的概念。就"禅"与"武"之关系而言，可以说，禅为武之主，武为禅之用。即武是禅的表现，是禅生命的有形化；禅是武的精神本质，以禅入武，便可达到武道之最高境界；武学之大道，即禅道。禅与武融为一体，故而合一。

"禅"如同"道"，都是看不见摸不着的，似乎是虚无缥缈的，却又是实实在在存在的。可以说，禅是一种修行者的受用，只能由修行者自己在禅修中去体验。正如禅宗所描述的，"如人饮水，冷暖自知。"可以说，禅是一种修行的方法，也是一种修行的手段。并且，修禅是一条必经的修行道路，这是一条探索开发智慧之路、一条挣脱桎梏之路、一条通向圆满生活之路。

总而言之，禅可以被视为一种境界，这种境界可以划分为三种不同的层次，恰好与武道修行中的三层功夫相对应。第一层，可称为行者的境界，即初习参禅者的境界。对定力虽然有了一些基本的意愿和认识，但很难定下来，意念中昏沉和散乱居多，定力无法生用；第二层，可称为悟者的境界，即修行者在修行中逐渐开悟。心态安详而自然，能够住入定境，定能生用；第三层，可称为觉者的境界，"行亦禅，坐亦禅，语默动静体安然。"习拳与生活中的一举一动、一言一行无不在禅定之中，且定能生大用。故而也可称为圣境。以武为载体，借助武道修行进入禅修，或者在武道修行中注重禅修的意识，这是中华武道修行的特点。这不同于禅宗里单一的参禅，是时时刻刻通过体与用的紧密结合，使修行者不断努力，逐渐由行者进入悟者的境界，并有缘通过努力进入觉者之境。

在武术中素有"拳打三不知，你不知、我不知、他不知"之说。打人于无形无相之中，古拳谱云："打人不见形，见形不为能。"这正是武道的最高境界，是"本我"在对抗中的应用，也是武道追求的目标。

对习武者而言，首先是学会强身养气，气力充沛了，才会精神旺盛，进而劲力充足、身体舒展、强筋健骨和心明性巧。其中，静心养气的最好方法就是通过禅定远离思虑、洞察虚幻、悟彻真假、澄洁心志。久习禅法，方能定力增长，遇到一切外魔、挫折、嘲讽和污辱，都能坦然处之、无动于心，久而久之便可达到心志专一、坚守吾真，乃至明心见性。这样一来，神清心静，心智武功就可达到炉火纯青、守拙弃巧的境界。

禅修的目的是悟道，武功只是禅修的一个法门而已。在悟道之后，习武者对武功的理解及武功的修为也必将达到更高的境界。

武功之高低，直接取决于科学且合理的武功训练方法，并不直接取决于人对哲学的理解和精神修养。禅属于哲学，其价值在于提高人的认识和精神境界。

上乘武功的内在价值在于上乘的武道理念。唯有上乘的精神境界，才有可能产生上乘的武道理念，创造出与之相符的上乘科学的武功训练方法，借此才能满足人们对武道更高价值的实现。

2. 武道修行的三重境界

在禅宗中有一著名公案："老僧三十年前未参禅时，见山是山、见水是水。乃至后来，亲见知识，有个入处，见山不是山、见水不是水。而今得个休歇处，依前见山只是山、见水只是水。"该公案出自《五灯会元》第十七卷。青原唯信禅师的这段话阐释了修禅的三个不同的阶段。可以说，"见山是山""见山不是山""见山只是山"也是习武参禅悟道的三重境界，即禅武合一之道。

这三重境界也是我们认识世界和大自然的三个阶段。

第一重境界，"见山是山"是一种片面的执着境界。这也是人们在没有习拳参禅修道之前的见解。此时，人们往往局限于世俗的见解和感官认识，故被其外在的形式、色相所迷惑，故"见山是山，见水是水""一拳就是一拳，一脚就是一脚"。即将山水看作实实在在的山水，把拳脚看成是实实在在的一拳一脚。此时，尚不知事物内在的真正缘由和关联，更不知道其本性。

第二重境界，"见山不是山"则是一种感悟的虚无境界。通过一段时间的习武参禅，随着认识的提高，人们对宇宙万象（包括拳法拳理）的真实相状有了进一步的了解，了解了"凡所有相，皆是虚妄"，感悟到"过去心不可得，现在心不可得，未来心不可得"，而且，这不可得亦是不可得。当感悟到大自然的一切都是无常时，便就会有"见山不是山，见水不是水"的感受。随着拳艺的精熟，便会充分感悟到各门各派拳法技艺的博大精深。故而，此时再看拳脚，便"一拳不再是一拳，一脚不再是一脚。"第二重境界其实是对第一重境界的否定。在第一重境界中，希望什么都要，到第二重境界时，开始觉悟，便什么都想扔，于是就陷入了虚无阶段。故而，还须继续修行，进入第三重境界。

第三重境界，"见山只是山，见水只是水"，这则是一种觉者超然的自由境界。在这一境界中，不用刻意逃避外界的形象，青山绿水依然，而修炼有成的人，已经修成了金刚不动的禅心，以淡定从容的慧眼，洞悉人生宇宙的本来面目。此时，便感悟"山只是山，水只是水"。当武道修行超越于拳种门派时，便会认为"一拳不过是一拳，一脚也不过是一脚罢了。"对大自然的一切均能清清楚楚地觉察，却不再计较、不再执着。这也正是《坛经》所说的："外离相曰禅，内不乱曰定。"

这就是人生的三重境界：片面的执著境界、感悟的虚无境界、觉者超然的自由境界。在这三重境界的修行过程中，每一次对前一阶段的否定，都是对前者的超越。我们之所以对同样的山水、拳脚有如此不同的看法，是因为通过不断的修炼，我们的身体、心灵和感悟产生了不同的变化。运用这一理念，也可对武道和人生进行全新的审视。

武道修行的三个阶段恰好对应修禅的三重境界。即，第一层，筑基阶段（初形）；第二层，成形阶段；第三层，无形阶段（去形、忘形、化形）。

第一层，筑基阶段。顾名思义，该阶段是中华武道打基础的初级阶段。习练者将通过各种基本功法、拳法、技法与套路的训练，而明了并掌握肢体动作的基本原理和拳架结构，达到四肢与周身的基本协调。从劲力上来看，主要是通过炼精化气，而表现出拳法中的直劲或明劲。

第二层，成形阶段。这是中华武道的中级阶段，是在身体外形协调自如的基础上逐步达到内外合一，即形成身体的整体协调。从劲法上来说，将通过炼气化神，劲力由内而外，展现出的是整劲、暗劲和内劲，神形逐步合一。行立坐卧皆注重符合自然规律，注重时时处处皆是修炼，无处不是用。

第三层，无形阶段。此可谓中华武道中的上乘阶段。通过无时无刻、无处不在用的修炼，进而达到出神入化的境地，也就是通过炼神还虚，将所修拳法之道一以贯之。阴阳混成，刚柔相济，内外如一，并以神将形化去，形神俱杳，心之一动身自随。正所谓"拳无拳，意无意""无形无相""无声无息"[①]。技法运用则是"无法无不法，万法归一"，达到"以无形为有形，以无法为有法"的境界。即自然而然地将"技巧隐于无形之中"[②]。因为，只有忘形、忘我方能得其意。

习武修身中的参禅思想理念将有助于习武者认识自我、珍惜生命、善待一切。不执着于一拳一脚，不计较门派之差异，不贪求功夫之深浅。其视野将更加广阔，胸襟将更加博大，人格也将更加纯清！在修行中逐渐去感受"见山只是山，见水只是水"的境界，人生将会是超越了执着的智慧之生命！

禅武合一的修行方法是在习武中修行，在修行中习武。要求是将信仰落实于习武与生活之中，将修行落实于当下、落实于习武的每一刻、落实于生命的每一瞬间。

每一个武道修行者均应在"禅武合一，认识生命，觉悟人生，奉献人生"这一宗旨的引导下，不断发现自我、认识自我、提升自我、实现自我，不断和谐自他关系。

四、中华武道与世界文明

（一）中华文明对当今世界文明的意义

中华文化是中华民族在长期历史发展中的伟大创造物，是整个民族智慧和创造力的结晶。数千年来，它不但在中国历史上大放光彩，惠及历代炎黄子孙，也影响了西方世界的历史与文化。在频繁的现代国际社会交往中，中华文化的传播变得更加迅速，世界上有越来越多的人对中华文化产生了兴趣。

同样，面对科技与经济全球化竞争的时代，中国人在努力了解世界的同时，也要努力认识和改造自己。但是，要认识自己，首先要了解自己；要改造自己，首先要把握自己。中华文明是世界上最古老的文明之一，每一个中国人要想认识自己、了解自己，首先就要认识和了解中华民族自身的文化和历史。

中华文明不具侵略性而博大精深，每被外部入侵，入侵者自己往往是迅速地、完全地被我们所同化、融合，使我中华文明更趋先进、更具活力，包括近代的西方科技文明也不例外。中华文明关注的是对生命的理解和感悟，关注的是生

---

① 孙禄堂. 拳意述真 [M]. 北京：中国书店，1988.
② Lee Bruce. Tao of Jeet Kune Do [M]. Black Belt Communications，1975.

活或生存的态度，关注的是如何锻炼自己、引导社会，如何符合天地自然的规律。现在的中华民族只要保持智慧、开放、包容、通达，中华传统文明与现代科技文明就完全没有冲突。

1. 现代人类社会面临的危机

正当这个物质文明璀璨的时刻，危机却悄然来临。现代工业带来物质生活水平大大提高的同时，却造成了一种深层的危机，那就是人类生存环境的恶化。全球气候变暖、臭氧层破坏、生物多样性减少、酸雨蔓延、森林锐减、土地荒漠化、大气污染、水体污染、海洋污染、固体废物等。人类仅用100年时间，几乎耗尽了地球数亿年积蓄的能源。

当今世界，人类面临资源枯竭、环境日益恶化的严重问题，而以西方文化为主的主流社会并没有真正地正视这些危及人类生存的严重问题，依旧在加大资源的消耗来刺激消费、赚取利润，对于科技的发展缺乏前瞻性且并未规范其发展方向。现代西方在改善生存条件的旗帜下使人类的理智和智慧服从了欲望的满足，这是西方文明的缺失。

对自然的过度索取和对能源资源的掠夺，带来了全球性的环境灾难与战争；哲学上的实用主义、短视主义，产生了灵魂的无助与精神的迷失。这种"哲学的贫困"促使西方人开始有所醒悟，提出是否应当到东方文明中，去寻找一种涵盖人类和天地自然的终极真理的大智慧。

2. 中华文明中人与自然的关系

中华文明非常强调人与自然和谐相处，所设定的最高境界在于彻悟自然生命系统的原理，并能够自如运用这个原理。不害天理，不违人伦，知天乐命，通理全生。但是，人类危机却恰恰是失控的现代科技文明造成的。

李约瑟认为中国的思想是一种有机统一的自然观。他提出中国思想家基本上不相信有一个专一管理宇宙的神。中华文明认为"天"也就是"宇宙的秩序"，是自然界的最高级存在。

中华文明所强调的"天人合一"，是从人类的角度看待世界的结论。天地自然系统与人类社会共同组成这个世界，所以人与自然的关系应当是和谐相生的。人并不是自然的主宰，应共处于和谐的整体之中。

中华文明的核心概念中，"和"占据相当的分量。"和"就是合宜、合适、不过度、不亏欠。"和"是一个因地、因人、因时不同而调整协调合宜的一个尺度。在中华文明中，"和"是一个经过长期自我训练形成的一个感觉信念、一个价值尺度、一个评断的准则。武术文化为我们提供了一个运用武术这一独特环境来自我修炼中华文明核心理念的方法——"中华武道"。

（二）中华武道对人类文明的影响

中华武道是中华文明之瑰宝，中华武术文化丰富的内涵呈现出其极大的包容性特征。这为解决全球化时代国际社会的"文明冲突"提供了良好的解决方案和文化理念基础。

随着计算机技术、互联网技术、航空航天技术和通信技术的快速发展，各国间的交往和交流在不断地加强和加快，国际政治、经济、文化等各领域的全球化现象日益明显。由于地域环境、历史背景、社会政治制度、经济发展水平等不同，各国文化之间也存在显著差异。在全球化过程中，不同文化之间必定会产生碰撞和冲突。中华武道的多元性与包容性的特征表明，只有不同文化间的平等共存、宽容、交流、借鉴、促进与融通，才能共同维护好关系人类社会共同利益的基本文化价值，世界文化才会更加丰富多彩，世界才会更加美好。无论是发达国家、发展中国家，还是不发达国家，它们独特的民族文化都有共存和发展的权利，文化的冲突和单一化只能导致人类文明的消亡。

当今的世界迫切需要一种以和谐文化为基础的人类文明，一种以和合文化为内涵的人与人之间的关系，一种以包容文化为准则的民间交往与外交环境。只有这样人与大自然才能相生共存，民族与民族之间才能相敬共存，国与国之间才能相荣共存。物种的多样性是生态平衡的标志，文明的多样性是社会平衡的尺度。

（三）中华武道将是促进和谐世界的重要纽带

中华武道是中华民族的，也将是世界的。它是凝聚海内外华夏儿女的文化精神纽带，也将是凝聚世界各族人民的文化精神纽带。武术文化是铭刻在海外华人身上的一种鲜明的民族文化特征，不管在世界的哪个角落，华人走到哪里，这种民族文化的特征就会带到哪里。这就是武术体现出的中华传统文化之独特魅力。

中华武术文化的弘扬带动着中华养生文化观念和功法的传播，也将有助于世界各国人民通过强身健体、修身养性、调节心智、中和心态来改善人的精神面貌和提高生活质量，达到人类的和谐生存与发展。

提倡中华武道，并将其作为一种载体、一种软力量，这将唤起海内外华人的民族认同感和归属感。它所传承的是中国人的浩然正气，从而唤起了海内外华人强烈的爱国之心，具有极强的民族凝聚力。

中华武道的传播将使其逐步成为一种世界性的文化。中华武道可以成为不同文化间共通共荣的和谐载体与纽带。倡导中华武道，正可以发挥其深厚的文化底蕴和独特魅力。武道的核心理念将有助于构建和谐的世界文明，还将成为人类追求生态文明的新希望，同时也是凝聚全球华夏儿女和世界各族人民共创和谐社会的重要纽带。传播中华武道必将造福于全人类。

第二章　源远流长的武术

一、什么是武术

武术，本是一种格斗、搏击的技术，由于它是适应原始社会人们的劳动生产、狩猎活动和部落间战争的需要而产生的，所以带有很强的格斗性、实战性。随着千百年来社会的进步、科学的发展，武术搏杀技击功能渐渐失去了实战的作用，变得越来越弱化，而武术的体育锻炼功能则越来越突出，并逐渐演变成一种以踢、打、摔、拿等攻防格斗动作为主要锻炼内容的传统体育项目。

武术这种运动形式内容极其丰富，既有令人目不暇接的拳术，也有千奇百怪的武术器械，还有内功、外功、软功、硬功等多种功法。既有按照攻防动作规律组成的单练拳械套路，也有二人、三人和多人对练的拳械套路，还有突出对抗搏击的推手、散打等竞技形式。既有适合少年儿童练习的充满窜蹦跳跃动作的长拳，也有适合青壮年练习的刚劲猛烈的通背拳、八极拳、炮捶拳。既有需要专业训练、注重竞技的散打项目，也有适合中老年人和体弱多病者练习的较为柔和的太极拳。可以说，武术运动是最适合全民普及的健身运动。

但武术并不是一种专门的技能，也不是一个单纯的体育项目，而是具有巨大的文化包容量和文化负载能力的中华优秀传统文化之一。武术与中国的传统文化紧密相连，包括与传统哲学思想的融合，与传统伦理道德的融合，与传统兵学、医学、美学、民俗学等多种文化的融合，以及它特有的练习方式和运动理论，并且折射出中国文化"以天下为己任""先天下之忧而忧，后天下之乐而乐""富贵不能淫，贫贱不能移，威武不能屈""见义勇为""重义轻利"等的精神。这种体育形式、文化形式，唯我中华民族所独有，所以人们称为"中华武术"和"中华武道"。

总之，武术既是体育，更是文化；武术既讲技击，更讲健身；武术既重武功，更重武德。这是中华武术的特点。

练武术，不仅可以增强体质，还有利于树立为国为民的思想，有利于增强明辨是非的能力和正义感，有利于培养吃苦耐劳的品质、勇敢无畏的精神、顽强奋斗的毅力，以及遵纪守法的自律行为。

二、武术的起源与发展

（一）武术起源于原始社会狩猎和战争的需要

武术的历史，源远流长，这要追溯到原始社会时期。原始社会的人们过着什么样的生活呢？据《韩非子》和《礼记》记载，"人民少而禽兽众""食草木之实，鸟兽之肉"。意思是当时大地上人烟稀少，到处都是成群的野兽。那时人们还不会种田、种麻，不会养家畜、桑蚕，不会纺纱、织布，人们只是靠采集草木的果实和捕杀野兽得肉来充饥，用鸟兽的皮毛遮挡身体抵御寒冷。在这样的生活环境中，人们为了生存，逐渐掌握了使用拳打、脚踢、抓扭、绊摔等动作和猎杀野兽的技能。中国国家博物馆陈列的一个展品对这种情景作了真实的描绘：成群结队的原始人高举着火把，拿着木棍和石块儿，漫山遍野地喊叫着、飞快地奔跑着追捕四处逃窜的野兽。一些身强力壮的猎手还和剑齿虎一类的猛兽格斗在一起。这样的场面告诉我们，原始人不仅勇敢机智，还具备了狩猎的本领，同时具备了能跑善跳、速度快、耐力强的身体素质。

那时，为了生存，各个部落之间常发生战争，当时的人们必须不断发明和使用兵器，以提高攻防格斗技能。

西汉著名史学家司马迁在《史记》中有一段关于传说中武术的记载，"轩辕之时，神农氏世衰，诸侯相侵伐，暴虐百姓，而神农氏弗能征，于是轩辕乃习用干戈"。就是说，在轩辕时代，神农氏的后代已经衰败，诸侯之间互相攻战，残害百姓，而神农氏已没有能力征讨他们了，于是轩辕就习兵练武去征讨他们。这个轩辕氏就是黄帝。所谓炎黄子孙，就是炎帝和黄帝的后代。轩辕掌握了领导权，就训练部落成员习用"干戈"，用来提高战斗技能。干，就是盾牌，防御用的；戈，类似长枪，是进攻用的。这是说人们在轩辕时期就发明了长枪、盾牌一类的兵器。干戈的出现，说明当时已经有了攻防的手段。

古书《述异记》中还有个记载说与轩辕同时代有个九黎族的首领叫蚩尤，他的部落盛兴"角抵"，就是拳打脚踢加上头戴犄角样的护具顶人的一种搏击术。他为了和轩辕打仗，发明了5种兵器，乃是戈（长6尺6寸）、殳（一种用毛竹制作的兵器，长1丈2尺)、戟（长1丈6尺）、酋矛（长2丈）、夷矛（长2丈4尺，战车上使用的兵器）。①

距今大约4600年前，黄帝部族联合炎帝部族，与蚩尤的部落在涿鹿进行了一场大战。"战争"的目的是双方为了争夺适于放牧和浅耕的中原地带。涿鹿之战对于古代华夏族由远古时代向文明时代的转变产生了重大的影响。这场大战还展现了轩辕黄帝的军事才能，为华夏的军事发展奠定了重要基础，对之后的兵器制造以及技术发展也起了积极的推动作用。

虽然这都是古书记载的传说，却恰恰反映了武术起源于原始社会生产生活的需要，起源于原始人们的狩猎活动和部落之间战争的需要。原始武术大体分为两类，一种是持械的，另一种是徒手的。轩辕的干戈和蚩尤的五兵是持械的，蚩尤的角抵就是徒手的。

(二)"武舞"是武术套路形成的基础

战争的产生，促发了体育运动的萌芽。原始社会的人们就把赛跑、跳跃、攀登、角力、摔跤、投掷等运动作为游戏对儿童进行训练。后来发展到把狩猎、格斗的攻防动作编成舞蹈进行娱乐。相传夏朝时期，大禹的儿子启就指挥部落里的人们排练名叫"九伐"的舞蹈。《山海经·海外西经》记载："大东之野，夏后氏于此舞九伐。"是说，在大东那片旷野上，大禹的儿子夏后氏指挥部落人们演练"九伐"的舞蹈。什么是"九伐"呢？据《礼记》的解释，"一击一刺为一伐"。"九伐"就是演练者手持兵器互相击刺9个回合，这很像现今武术中的套路对练。

远古时期的战争，是部落全体成员的活动，几乎所有青壮年都要参加。在《民俗学概论》一书中记载，"当决定作战之后，战士们便涂擦身体，举行战舞……模仿作战状态。"而在战争胜利之后，又会以操练武舞以示庆祝。

周武王讨伐商纣王取得胜利后，就把"击刺"动作的舞蹈配上了音乐，称为舞象。为了歌颂他的武功，以灭商的战争场面为题材编了《大武》舞，此舞规模更大、人员更多，并有军阵队形的变幻。

这些武舞都具有攻防含义，对武术的发展具有很大的促进作用，而且代代流传。唐朝就有很著名的《秦王破阵乐》的武舞，此舞歌颂了唐太宗的战功。

武舞不再只专注于武术的技击价值，而是将武术中的运动健身价值、艺术观赏价值扩大化。可以说，古代武舞是现代武术套路和武术艺术形成的基础和

---

① 兵器尺寸来源于《周礼·考工记》记载。

雏形。

（三）春秋战国时期频繁的战争推动了武术的发展

从武术的发展来看，徒手武术和器械武术是并行发展的。春秋战国时期，由于连年战争，百姓需要自卫，拳术技击活动就更加兴盛起来。当时在齐国，相国管仲帮助齐桓公进行社会改革，提出"寓兵于民，兵民合一"的政策，让老百姓普遍练武。老百姓平时务农，战时当兵，形成了练武兴旺的局面。同时还制定法律，推举武勇人才。荀子目睹了齐国盛行拳术技击活动的景象，就在《荀子·议兵》一文中记下了"齐人隆技击"。《汉书·刑法志》也有了"齐愍以技击强"的记述。那时，人们重视对举重、摔跤、奔跑、跳跃的锻炼。

其中，举重称为扛鼎、翘关。鼎，是一种用来烹煮牲畜肉类的金属容器，三足两耳，重量不等，一般重几百斤。《史记·项羽本纪》记载："籍（项羽）长八尺余，力能扛鼎。"翘关，翘，是举的意思，关是关城门的大门栓，这恐怕也得有几百斤重。古书《列子》、《淮南子·主术训》和汉朝王充的《论衡》都记载"孔子劲能招国门之关""孔子……力招城关""孔子能举北门之关"。这里的"举"字、"招"字都和"翘"的意思一样，都是"举"。而"关"，就是关城门的大门栓。

春秋战国时还注重奔跑训练，当时军事家孙武在吴国训练军士披甲戴胄、执弓荷戈，长途奔跑三百里。《荀子·议兵》记载魏国的训练方法是"衣三属之甲，操十二石之弩，负服矢五十个，置戈其上，冠胄带剑，赢三日之粮，日中而趋百里"，此外，还练习攀登高墙、跳跃障碍。要求士卒具有强健的体魄和持久的耐力。

就在"齐人隆技击"的时代，兵器也得到了飞速的发展。早在3000多年前的我国商代，人们就掌握了用青铜铸剑的技术。到了2000多年前的春秋时期，铸剑技术已经有了很高的水平。著名的铸剑师干将、莫邪、欧冶子都是春秋时的越国人。

欧冶子是春秋末期到战国初期越国人。中国古代铸剑鼻祖，龙泉宝剑创始人。曾为越王允常铸五剑，名湛卢、纯钧、胜邪、鱼肠、巨阙。他发现铜和铁性能的不同之处，冶铸出第一把铁剑"龙渊"（后改名"龙泉剑"），开创中国冷兵器之先河。

和欧冶子同时代的有一对吴国的铸剑师夫妇名叫干将、莫邪。传说吴王阖闾让他们为自己造一把宝剑。他们找来最好的材料开始铸剑，可是一次次的都失败了。他们知道如果不能按时造出宝剑，就会被吴王处死，非常着急。当时，铸剑师们口口相传，要造出神妙的东西，必须有人牺牲。于是，莫邪为了使自己的丈夫免遭杀害，她毅然跳进熊熊的炉火之中，用自己的血来祭剑。果然，两把锋利无比的宝剑终于造出来了。干将为纪念妻子，就把长一些、重一些的宝剑命名为"干将"，把短一些、轻一些的宝剑命名为"莫邪"。这就是有名的"雌雄剑"。干将知道吴王是个凶残暴戾的人，自己去献剑一定不会活着回来，就把"雌剑"留给儿子，只把"雄剑"献给吴王。果然，吴王借口干将过了交剑期限，把干将处死了。后来，干将、莫邪的儿子长大了，拿着父亲留下的"雌剑"杀了吴王，为父母报了仇。

正由于吴国和越国出了很多铸剑师，所以史上有"剑起于吴越"的说法。20世纪60年代，在湖北出土了一把"越王勾践剑"，就是春秋时期越国国君勾践自用的剑。这把半米多长的剑在地下埋藏了2000多年，出土后依然锋利无比，熠熠生辉，剑身装饰着菱形纹饰，还有蓝色琉璃镶嵌的花纹，合金技术和铸造工艺相当高超。

那时的铸剑技术已然非常高超了，持剑格斗技术自然也达到了极高的水平。《吴越春秋》这本书记载了这样一个故事：越王勾践想请个善于击剑的老师训练军士，以提高军士们的战斗力。他手下的大臣范蠡大夫向他推荐说，南林有一位女子，善于击剑，全国闻名，何不请她来传授击剑的方法呢。于是越王便派人去请她来。这就是后人尊称的"越女"。越女来后，越王就请她讲解击剑的道理。越女说："道有门户，亦有阴阳，开门闭户，阴衰阳兴。凡手战之道，内实精神，外示安仪，见之似好妇，夺之似惧虎，布形候气，与神俱往。"越女的意思是说剑术看起来似乎浅显而易懂，但是其中的道理却深邃而精妙，有门户的开合，阴阳的变化。用剑进行搏斗时，精神要充足，外表要沉稳，看上去安祥平和，像一个文静的少女，一经交手才知道凶狠般如同恶虎。越女的剑术理论，精辟地阐述了动静、快慢、虚实、攻守、内外、呼吸、逆顺之道，随机应变、出奇制胜，这不仅是古代剑术理论的经典，也正体现着"顺阴阳而运动"原则的武术拳理之精华。

在剑术广传的同一时代，人们还重视骑射。战国时期，赵国的赵武灵王是个善于体察民情、实事求是的人，他发现赵国的军队存在许多弊病，如军队还沿袭西周传下的步兵与战车配合的作战方法，导致骑兵很少。步兵身穿长袍重甲，不够灵活。而当时经常威胁赵国的北方胡人则是身穿短衫，精于骑射，常常是呼啸而来，迅疾劫掠，然后又无影无踪，战斗力极强。赵武灵王决定向胡人学习，一改国家民俗，推广穿短袄胡服，练习骑马射箭。很快就建立起一支骑兵队伍，民间也随之兴起了骑马射箭的运动。国家的军事力量得到了极大加强，其先打败了中山国，又打败了常来袭扰的胡人，拓展国土上千里。这便是史称"赵武灵王胡服骑射"的故事。

此后骑射活动广泛开展，成为军事技能的主项。直到清末，火器代替了冷兵器，骑射才逐渐退出历史舞台。

（四）持械武术曾是武术内容的主体

持械武术是手拿兵器进行格斗的技术，它和不拿兵器只用手脚格斗的徒手武术是同时诞生的。但在宋朝火药发明使用以前，使用兵器的技术是武术的主体。因为兵器的杀伤力要远远大于徒手格斗。因此，可以说使用兵器格斗的技术要比徒手格斗技术更早成熟。

1. 弓箭是最早盛行的兵器

在遥远的古代，弓箭是人类狩猎、作战不可缺少的工具。即使在科技高度发达的今天，揉合了高科技的弓箭依然是特种士兵手中的利器。然而，人类历史上最早的弓箭是谁制造的呢？在我国山西省桑干河的支流峙峪河与小泉河汇合的小丘地层中，发现了一块被称作"峙峪人"的枕骨残片，此外还发现了一批文物。其中有一种加工精致的小石镞，是用很薄的长石片制成的，有很锋利的尖端，器身两侧的边缘也十分锋利。这种石镞明显的符合箭头的三要素：锋利、尖头适度、器型周正，这三点可以说明它是一个箭头。在与尖头相对的另一端（底部）左右两侧有点凹进去，成为一个小把，这显然是用来安装箭杆的。从这两点可以推知，峙峪人已经会使用石制的弓箭了。虽然这种石箭在今天看来很不像样，但迄今为止还没有发现比它更早的弓箭。由此我们可以宣称，人类历史上最早的弓箭是我们中国人的祖先在28000年前制造出来的。

在弓箭出现以前，人类使用的工具是比较简单的。而弓箭是一种复合型工具，它的出现，是原始社会技术显著进步的一个标志。它射程远，命中率高，携带方便，大大增强了人类同自然界作斗争的力量。

弓箭的发明是人类摆脱蒙昧时代的重要标志。恩格斯说："弓箭对于蒙昧时代，正如铁剑对于野蛮时代和火器对于文明时代一样，乃是决定性的武器。"我国弓箭发明的很早，在《山海经·海内经》中有所谓，"少皞生般，般是始为弓矢"就指出弓箭的重要。其实弓箭的发明不是个人创造，而是原始人类在漫长的时代中智慧和经验的积累。在《吴越春秋》中《弹歌》描述的"断竹、续竹、飞土、逐宍",这首短歌流露着原始人类对制造灵巧工具的自豪和喜悦,也表现了他们对获取更多猎物的渴望。

《列子·汤问》记载了一个《纪昌学射》的寓言故事,讲到古代有一个善于射箭的人,叫甘蝇。他见到野兽,刚拉开弓,野兽就倒下了,鸟就落下了,百发百中,速度极快。他有个弟子叫飞卫。飞卫的射箭技巧又超过了他的师傅。有个叫纪昌的青年,决心向飞卫学射箭。飞卫说:"你先学会看东西不眨眼睛,然后我们再谈射箭。"纪昌回到家里,仰卧在他妻子的织布机下,凝视着织布机上来回穿动的梭子练习不眨眼睛。两年之后,即使锥子尖刺在他的眼眶上,他也不眨一下眼睛。纪昌把自己的练习成果告诉了飞卫,飞卫说:"这还不够,还要学会看物体。要练到看小物体像看大东西一样清晰,看细微的东西像看显著的物体一样容易,然后再来告诉我。"纪昌回家后就用牦牛毛系着虱子悬挂在窗户上,目不转睛地看。10天过后,虱子在纪昌的眼中渐渐变大了;3年之后,练到看虱子感觉像车轮般大了。而看周围其余东西,好像都变大了,大的像山丘一般。纪昌于是就用北方牛角装饰的弓,北方蓬竹造的利箭,射向虱子,箭头正好穿透虱子中心,而拴虱子的牛毛却没断。他把这件事告诉飞卫。飞卫高兴地说:"你已经掌握射箭的技术了。"甘蝇、飞卫、纪昌师徒三代的射箭经历,证明了古时人们对射箭的重视和持之以恒所下的苦功。

春秋时期的楚国有一位善于射箭的勇士,名叫养由基。一次人们请他表演射箭,他就站在百步之外,叫人指定一片杨树叶子做目标,他只一箭就射中了。他不仅射得准,还非常有力量。一次他与武将潘党比箭,竟然一箭射透了7层铠甲。这就是成语"百步穿杨""力贯七甲"的来历。正因为他有这么高超的箭术,才能在楚国与晋国的鄢陵之战中一箭射死晋国将领魏锜,阻止了金国军队的进攻。

东汉末年,大将吕布"辕门射戟",劝解刘备与纪灵的争端。

唐朝开国皇帝李渊在建国前雀屏中目,成功迎娶长公主之女。

以上这些记载足以让我们清楚地看到,在古代,弓箭不仅仅具有武器和工具的强大作用,并且其衍生的"射"的活动,甚至升华为了一种特殊的、带有政治性色彩的礼制。除了纯粹技能的表现,射箭所被赋予的内涵对中国文化的影响是任何一种体育活动都不能比拟的。这种影响延续了千年,直至今天。

2. 剑术曾经兴盛一时且普及大众

剑在春秋战国时期非常普及,上自王侯将相、走卒胥吏,下至侠客游士、庶民百姓,都随身佩剑。到处可见仗剑云游天下,弹铗歌于街市,舞剑以助宴乐的剑客。如前所述,就连孔子、子路这样的文人名士,也长剑在身,周游列国。到了汉朝,百姓仍然喜好宝剑、剑术和剑客,轻死易生。"项庄舞剑,意在沛公"的经典故事也发生于这个时期。

东汉末年三国时期,剑术的发展更成熟了。剑术从两军交战的车、步战中均得到发挥。当时的阵战以兵法胜,也就是在战略上胜人,重斗智而轻斗勇。这种战略思想渗透到单兵的剑法中是与中国的传统文化背景分不开的。中国传统哲学思想不崇拜强者,道德观念是扶持弱者,这都反映在当时的剑法中。恃巧不恃力、斗智不斗勇,以弱胜强。当时出现了许多以少胜多、以弱胜强的战例典范。

明代军事家何良臣在《阵纪》一书中论述古代著名的剑术家和剑术时,把"卞庄子之纷绞法,王聚之起落法,刘先主之顾应法,马明王之闪电法,马起之出手法"相提并论。其中刘先主就是三国中蜀国的刘备,这足以证明刘备不仅剑术高明,还有"顾应法"的理论。

魏国曹操的儿子曹丕自幼学习击剑。他的老师史阿是当时京城里剑术最高的人。曹丕跟随史阿学得十分精熟。一日曹丕和平虏将军刘勋、奋威将军邓展一起饮酒。邓展善于拳脚,又精通各种兵器,还有空手夺兵器的本领,在当时很有名气。他们三人一边饮酒一边切磋剑术,互相谈论击剑的心得。曹丕认为邓展的一些观点有错误,就指了出来。邓展不信服,借着酒劲就要与曹丕比试比试。考虑到真剑容易失手伤人,恰巧旁边放着甘蔗,他们便用甘蔗代替真剑。没过几招,曹丕就3次击中邓展的胳膊,引起众人大笑。邓展不服气,曹丕故意说,我的剑法专门击刺对手的胳膊。邓展还要再试一试。比赛开始,曹丕猜到邓展会迎面突击,故意假装失招,露出破绽。邓展果然中计,直冲过来,结果被曹丕击中脑门。顿时观战诸将大惊。曹丕在此次比剑中,不但依仗他精妙的剑法,还在第二次交锋中运用了谋略,而后虚虚实实、虚中有实、实中有虚。由此可见,曹丕在剑法上的造诣不仅技艺精熟,而且在实战中还融入了兵法和自己对武术的见解,并能将其融会贯通,合为一体,正是达到了所谓"运用之妙,存乎一心"的境界。

东晋初年,中原地区沦丧于胡人之手,皇室贵族只求偏安江南,对收复中土缺乏斗志,只知苟且偷生。虽然如此,仍有一些爱国之将,每每以北伐为任,时刻希望收复中土,而祖逖就是其中志士之一。晋代的祖逖是个胸怀坦荡,具有远大抱负的人。后来,祖逖和幼时的好友刘琨一同担任司州主簿。他与刘琨感情深厚，不仅常常同床而卧、同被而眠，而且有着共同的远大理想，那就是建功立业，复兴晋国，成为国家的栋梁之才。一次，半夜里祖逖在睡梦中听到公鸡的鸣叫声，他一脚把刘琨踢醒，对他说："别人都认为半夜听见鸡叫不吉利，我偏不这样想，咱们干脆以后听见鸡叫就起床练剑如何？"刘琨欣然同意。于是他们每天鸡叫后就起床练剑，剑光飞舞，剑声铿锵。春去冬来，寒来暑往，从不间断。功夫不负有心人，经过长期的刻苦学习和艰苦训练，他们终于成为能文能武的全才，既能写得一手好文章，又能带兵打胜仗。祖逖被封为镇西将军，实现了他报效国家的愿望；刘琨做了都督，兼管并、冀、幽三州的军事，也充分发挥了他的文才武略。成语"闻鸡起舞"，便源于此。

到了唐朝，剑术依然盛行，尤其是文人热爱起了武术。大诗人李白就是个剑术高手，史称他"十五好剑术""剑术自通达"，也就是说他15岁就喜爱剑术，后来仗剑远游，30多岁了还"学剑来山东"。他不仅剑术高明，而且善于骑马射箭。他还写了不少歌颂武功、戍边、军旅生活的诗篇，像"三杯拂剑舞秋月，忽然高咏涕泗涟""万里横戈探虎穴，三杯拔剑舞龙泉"。诗中带着一种酒酣兴浓、舞剑明志的气概。大诗人杜甫年轻时也曾写过"把臂开樽饮我酒，酒酣击剑蛟龙吼"。杜甫还有诗作《观公孙大娘弟子舞剑器行》，记述了当时带有表演性质的剑术已出神入化。

但公孙大娘的剑舞因为是舞蹈，需要高度的艺术化加工，与军事武艺完全不同，这与后来紧紧扣住攻防格斗为主题发展起来的武术套路有明显的区别，这说明唐代的套路武术还不成熟。但是武术，尤其是套路武术，需要极为丰富的动作素材，唐代舞蹈的高度发达，特别是武舞已达到一个高峰，这为后来武术的发展提供了重要的前提条件。

不过随着各种兵器的发明、发展，剑在战争中渐渐失去了主导地位，并被更具杀伤力的兵器所取代。

3. 兵器的长度和重量在冷兵器战斗中非常重要

读过《三国演义》或看过《三国演义》电视剧的人都知道，张飞用的兵器是丈八蛇矛，关羽使用的兵器是重达82斤的青龙偃月刀。这虽是书中所写，但它说明了一个事实，就是那时的武术注重兵器的长度和重量。

那么史书是怎么记载的呢？

史书记载使用丈八蛇矛的战将还真有一位，那就是东晋时期的陈安。陈安是个农民出身的割据将领，自号秦州刺史。他生活简朴，能与将士同甘共苦，深受部属爱戴。他力大如牛，作战时，左手使七尺大刀，右手使丈八蛇矛。靠近敌人就大刀、长矛一齐砍刺，离敌人远了就左右开弓射箭。那时的1丈8尺，约相当于现在的1丈3尺5寸长，也就是4.5米长，却也不算短了。他战死后，百姓作了一首《陇上歌》寄托哀思。歌词写他作战时"……七尺大刀奋如湍，丈八蛇矛左右盘。……"他能双手使用兵器，还能在马上左右开弓射箭，的确了不起。

《宋史·岳飞传》记载岳飞使的枪也是1丈8尺长，他在与金兵作战中曾"持丈八铁枪刺杀黑风大王"。岳飞是南宋人，那时的丈八铁枪约合现在的1丈6尺5寸，也就是5.5米长。想一想，这么长的铁枪得有多重。

明代最长的兵器叫沙家杆子，长2丈4尺，约合现在的2丈2尺多，也就是7米多长。这么长的杆子就算它是用毛竹做的，能抖动起它并且刺杀敌人的人得有多么强劲的臂力腰力。

再来看看兵器的重量。

《三国志·魏书》记载曹操的部将典韦是一员猛将，他"提一双戟八十斤"，换算成今天的重量是35斤多。宋朝时有个李全，号称李铁枪，使的是重40斤的铁枪。元朝时有个隋世昌，他使用的铁枪也是40斤重，换算成今日的重量是47斤。

依仗重量取胜的兵器有许多，如锤、斧、钺（长柄大斧）、镋、鞭、锏等。锤应排在第一位。锤，古时称作椎，从质量上看有石锤、铜锤、铁锤。从形状上看，有四棱锤、八棱锤、瓜形锤。从形制看有短柄双锤、长柄大锤。在很长一段时间里，锤是军中的主要兵器之一。《辽史·兵卫志》记载，当时契丹人凡是年满15岁以上50岁以下的男子都要当兵，还要自备战马、铁甲和一套兵器，兵器就包括锤。《宋史·岳飞传》记载岳飞的儿子岳云使用的兵器是短柄双锤，说他"每战，以手握两铁锤重八十斤"。宋代的80斤，相当于现代重量的95.5斤。如此沉重的锤，使锤的人必定力大超人，勇猛无比。所以，古人总结出一条经验，就是"锤槊（即丈八长矛）之勇不可敌"。意思是，使用锤和丈八长矛为兵器的人，不可轻视。因为使用这类兵器的人，力量往往超过常人数倍。

4. 丰富的兵器格斗技术

古人重视兵器的长度和重量，更推崇使用兵器进行格斗的技术。

初唐时，唐太宗李世民手下有员大将叫尉迟恭（字敬德），《旧唐书·尉迟敬德传》记载，他不仅善于使用稍（1丈8尺的长矛），而且善于躲避和夺取对方的稍。作战时，他一个人骑着马冲入敌阵，敌人持稍乱刺，就是不能刺中他，反而被他夺过矟来刺死。齐王李元吉也善于骑马使矟，听说尉迟恭有避矟夺矟的本领，李元吉不信，要亲自与尉迟恭比试比试。为了防止误伤，他命令去掉矟的枪尖，只用枪杆互刺。尉迟恭说，纵使带着枪尖，也不能伤我，请您不用去掉枪尖，而我的矟去掉枪尖。二人开始较量，李元吉手持长矟跃马上前，一心要刺中尉迟恭，结果被尉迟恭3次夺过他手中的矟。李元吉是非常骁勇的，连输3次，感到非常羞愧。唐太宗李世民就问尉迟恭，夺矟和避矟哪个难？尉迟恭说，夺矟难。足见尉迟恭使矟、避矟、夺矟的本领有多么高超。

杨家枪的故事也很能说明格斗技术的重要性。一说杨家枪，很多人都认为是宋朝杨家将的枪法，这大概是受《杨家将演义》小说和戏曲的影响。其实，根据历史记载，杨家枪与杨家将毫无关系，杨家枪是被宋朝一个叫作杨妙贞的人流传下来的。据《宋史·李全传》记载，杨妙贞是李全的夫人，是义军首领杨安儿的妹妹。李全原是杨安儿的部下，善用一杆铁枪，人送外号"李铁枪"。杨妙贞家传武艺，善于骑马射箭，尤其善用杨家梨花枪法。杨妙贞嫁给李全后，夫妻率义军在海州一代抗击金兵。军中将士都敬佩杨妙贞勇敢善战，尊称她为"姑姑"。可惜的是，李全后来兵败投降，做了汉奸，最后被杀。李全死后，杨妙贞离开了队伍，下落不明。离开前对部将说："二十年梨花枪，天下无敌手，如今大势已去，我想回涟水隐居。"杨妙贞走了，她的梨花枪法却流传了下来。明代大武术家、军事家戚继光非常推崇杨家梨花枪法。他在《纪效新书》里说："杨家枪法，手握枪根，出枪特别长。枪法讲究虚实、奇正。出枪疾快，收枪迅速，它的招式都很凶险，变化衔接又很短促。不动的时候像座山一样稳，动起来如同雷霆炸开一样猛烈。所以当年杨妙贞说二十年梨花枪天下无敌手，这话可信。"戚继光还针对当时人们练杨家梨花枪时存在的"在向前戳刺的时候脚步不跟进"的毛病，加以改进，改为把枪收短些，快步向前贴近敌人，不出击，只用自己的枪锁住对手的枪，使对手无法招架，然后趁机一拨一刺。戚继光说这是最妙的绝招。杨妙贞留传下的梨花枪法到了明朝嘉靖年间被戚继光继续发扬光大，终于成为中华武术中著名的"杨家枪法"。

在成书于元末明初的《水浒传》中，作者描写了多种多样的兵器，像豹子头林冲使用丈八蛇矛、大刀关胜使用青龙偃月刀、双鞭呼延灼使用一对水磨八棱钢鞭、病尉迟孙立则善使一条虎眼竹节钢鞭、霹雳火秦明使用狼牙棒、双枪将董平使用双枪、金枪手徐宁使用钩镰枪、急先锋索超使用金蘸斧、黑旋风李逵使用短柄双板斧、花和尚鲁智深使用水磨镔铁禅杖、行者武松使用雪花镔铁戒刀、九纹龙史进使用三尖两刃刀、小温侯吕方和赛仁贵郭盛使用方天画戟、两头蛇解珍和双尾蝎解宝使用浑铁点钢叉、一丈青扈三娘和铁笛仙马麟都使用双刀、百胜将韩滔使用枣木槊、小李广花荣善使弓箭、浪子燕青善使弩箭、火眼狻猊邓飞善使软兵器铁链、没羽箭张清善使暗器飞石、花项虎龚旺善使飞枪（标枪）、中箭虎丁得孙善使飞叉、扑天雕李应善使飞刀、八臂哪咤项充和飞天大圣李衮善使团牌、飞刀和标枪……书中出现最多的兵器是朴刀、腰刀、杆棒、哨棒等。《水浒传》描写的是宋朝时的事，成书于元末明初，因此可以认定，在元末明初的时候，社会上已经流行着许多种类的兵器了。

不同兵器自然就有不同的格斗技术或练习套路，习武之人各有所长。有些天赋高者，能通达各项兵器，擅长不同的拳种。一般我们称其为通达十八般武艺的全才。

5. 十八般武艺和十八般兵器

十八般武艺和十八般兵器其实各有所指，不能混为一谈。

常说的十八般武艺，是包括兵器、徒手和一些技能在内的技艺。这个提法最早见于清朝人褚人获在《坚瓠集》一书中的记载，他说，"明朝嘉靖年间，官府招募勇士，山西人李通排在第一名。这个李通十八般武艺样样精通。"他会的十八般武艺是："一弓、二弩、三枪、四刀、五剑、六矛、七盾、八斧、九钺、十戟、十一鞭、十二锏、十三挝、十四殳、十五叉、十六耙头、十七绳套索、十八白打。"这十八般武艺包括了"远射兵器：弓弩""长短兵器：刀枪剑斧""使用耙头、绳套索一类工具的技能"和"白打"也就是"拳术"。后来，十八般武艺一说变成了一种泛指。

十八般兵器是不包括拳术和使用某些工具的技能的，它专指使用十八种兵器的技术。这正是早期武术以兵器为主的证明。十八般兵器通常的说法是：刀、枪、剑、戟、斧、钺、钩、叉、鞭、锏、锤、抓、镗、镰、槊、棍、拐子、流星。

然而，武术中的冷兵器非常多，十八般兵器根本概括不了。于是，就有了"古十八兵"说（使用年长日久的兵器）、"九长九短"说（将长兵器和短兵器分别归类）、"暗十八兵"说（偷袭敌人用的暗器）、"软十八兵"说（带有链环绳索，可以放长击远的兵器）、"杂十八兵"说（将带尖的、带刃的、带钩的、带刺的、坚硬的生产生活工具改造而成的兵器）。

冷兵器乃至后来的武术器械，都带有原始狩猎工具和生产工具、生活用具的特征，说明武术器械大多是由生产工具、生活用具演变而来的。人们面对战争、压迫、侵扰，被迫揭竿而起的时候，最先就是拿起身边的工具做武器。像斧、锤、镰、铲、杵、钯、叉等，以及匕首、铁尺、铁烟袋、铁扇子、杆子鞭等，都是从生产工具、生活用具中演变而来的。

兵器在使用中也会根据需要不断地改进和创造。比如枪，枪是一种很厉害的兵器。俗说枪为百兵之王，是说枪在实战中威力强大，攻防速度快，善于变化，可以用枪尖刺敌人，也可以用枪把击打敌人。但是枪刺出之后，万一没有刺中怎么办。于是有人发明了钩镰枪，在枪尖下端装上倒钩，一刺不中，收枪时倒钩也可以伤人。另外，使枪的人觉得用枪把击打敌人之后，必须立即调转枪把，顺过枪尖再刺，这就会慢了一拍。于是，有人发明在枪把上也装上枪尖，变成两头都有枪尖的枪，这样两头都能刺杀敌人，就不用倒把了，还给这种枪取了个新名叫"两头蛇"。再后来，又有人将"两头蛇"的尺寸缩短一些，一手拿一杆，成了双枪。这下，威力更大了。这就是《水浒传》双枪将董平所使的双枪。

史书记载有使用双枪的真实人物。唐肃宗时有个大将叫白孝德，善使双枪。安史之乱时，史思明进攻河阳，派骁将刘龙仙率兵挑战。白孝德胳臂下夹着双枪出城迎敌，跃马刚刚渡过护城河，刘龙仙就大骂："是哪来的猪狗！"白孝德大怒，挥舞双枪与他大战，刘龙仙不敌，调转马头就跑，白孝德催马紧追，看着将近，挥双枪将刘龙仙刺下马来，随即迅速下马，拔剑斩下他的头颅，上马回城。敌兵被震撼，分分逃避。

宋朝时也有一个善使双枪的大将，叫赵立。赵立奉命守卫江南，正赶上金兵南下，大队人马列阵在赵立的营寨前。赵立率六员将领迎战，大叫我是这里的守将，贼头儿，哪个敢来迎战！金兵营中有两员大将一齐出来，直奔赵立身后，妄想从他背后偷袭。赵立回头左右看看，策马而上，手舞双枪力战二人，不到一个回合，两员敌将就都被他刺于马下。

所以说，改进的兵器和技术大大增强了战斗力。下面将冷兵器中比较有代表性的兵器进行解读。

（1）刀。刀是我国最早出现的兵器之一，有长刀和短刀之分。按功用分，有大砍刀（长刀）、斩马刀、腰刀、杆刀、朴刀、钩刀、眉刀、匕首刀、三尖两刃刀、飞刀等。刀在青铜器时代就已经出现，因为在大规模车骑战斗中比剑更实用，所以渐渐取代了剑在战斗中的地位。西汉时出现了柄呈环形的铁质长刀，一侧开刃，另一侧是厚实的刀脊，不易折断。到了三国时期，刀已成为军队中普遍装备的短柄格斗器具，三国时期关羽所用的"关刀"，刀身狭长，形如偃月，刀背有青龙图案，又称青龙偃月刀，又因刀头有钩，刀背有突出锯齿利刃，故又名"冷艳锯"。之后人们更加注重钢刀的质量，精益求精。宋朝的《武经总要》记载当时的刀就有手刀、屈刀、偃月刀、戟刀、眉尖刀、凤嘴刀等多种。明代则多为双手握柄的长刀。单刀有斩马刀、柳叶刀、朴刀、雁翎刀、大环刀等，勇猛彪悍，素有"刀如猛虎"之说，双刀有鸳鸯刀、蝴蝶刀等。

（2）矛。矛在早期和槊混称，是用于直刺、扎挑格斗的长兵器，由尖利的矛头和矛柄组成。分为马槊和步槊，早期战车上也配备有矛，作为进攻兵器，其大规模兴起于汉末。矛比较长，通常为2米左右，有的竟可以达4米多。《三国演义》中张飞使用的丈八蛇矛，就是矛的一种，其矛头长2尺余，扁平弯曲如蛇形，两面有刃，故称蛇矛。矛曾经用于骑兵作战时很有效，但是由于很长，不经过严格训练是不容易掌握的，所以之后开始向枪转变。

（3）枪。因长矛使用不便，晋代开始逐渐流行用枪。唐代以后矛多被称为枪，唐代之后善枪的很多，《五代史·王彦章传》说："彦章持一铁枪，骑而驰突，奋疾如飞，而他人莫能举也，军中号王铁枪。"可见马上用枪已经出现在军中。宋、明两代为使枪的最盛时期，创造了式样繁多、用途各异的枪，广泛用于步兵和骑兵。有长枪、钩镰枪、九曲枪、梨花枪、笔枪、雁翎枪、绿沉枪、浑铁枪、龙头枪、龙刀枪、虎牙枪、虎头枪等。梨花枪比较特别，是长枪和火器的结合兵器，用长枪缚一喷火筒，用火药烧灼而杀伤敌人，也可用枪头刺杀。宋代李全之妻杨妙贞所创此枪套路，世称"二十年梨花枪，天下无敌手"。枪为"百兵之王"，长而锋利，使用灵便，精微独到。很多名将都用枪，如赵云、杨家将、岳飞等。枪法种类繁多，但都以灵动快捷的招法见长，著名用枪者往往自己也会因此增加潇洒灵动之气。

（4）剑。属短兵器，素有"百刃之君"之美称，脱胎于矛形刺兵及短匕首。一度非常流行，无论是作战还是仅作为士大夫的配饰，都有剑的身影。汉代剑术已甚精备，击剑、斗剑显示了武艺造诣的深浅。铸剑术体现了古代金属加工工艺的水平。古代传说的名剑有很多，著名的有干将、莫邪、龙泉、太阿、纯钧、湛卢、鱼肠、巨阙等。剑运用起来的特点是刚柔相济、优美自如、飘洒轻快。但是由于不适合于阵地作战，剑开始渐渐地退出战场。剑先是作为将领随身佩带的辅助短兵器，后来就成为修炼、装饰、礼仪、健身，甚至辟邪镇灾的器具了。

（5）戟。由戈演化而来，为戈、矛合体的兵器，有长戟、短戟之分，分马上戟、步战戟、双戟等不同用法。主干做枪形，锋尖之下横出两档，其上嵌有月牙型尖刃，从而使戟具备了钩、刺、劈、砍等多种攻击性能。长戟分为方天戟、青龙戟、蛇龙戟、月牙戟等。戟乃兵中之龙，外形威武漂亮。三国时期很流行用戟，《三国志》上记载，"孙权乘马射虎，投以双戟""甘宁执双戟舞""典君，提一双戟八十斤"。可见当时戟不仅流行，而且较重，吕布马上用戟更是天下第一。晋代之后的长兵器开始重视枪，戟已开始降为仪仗之器，到宋代时就很少用于战场了。

（6）斧。属重兵器，刃薄背厚，杀伤力大，分为长柄大斧和短柄阔斧，前者多用于马上交锋，后者多用于步战搏斗。开山、金蘸、月牙、宣花，这些都是斧的别称。用斧需要有较大的力量，所以使斧的大多是威风凛凛的力士猛将。生活在北方地区的民族，喜练斧类兵器。三国的徐晃、《说岳全传》中的金国大将金兀术、《水浒传》里的李逵，都是使用斧的能手。元代军队经常用斧，清代将士喜用双斧，斧柄尺余，斧刃甚小，双斧均可插腰，使用灵活。

（7）钺。是斧的一种，但比斧大。钺虽然早已有之，但到战国之后就已渐失其战器性质，而变为仪仗饰品及礼乐舞蹈之用，可见其实用性不强。

（8）钩。是一种多刃的兵器，是由古兵器戈演变而来的。颜师古注："钩亦兵器也，似剑而曲，所以钩杀人也。"分有单钩、双钩、鹿角钩、虎头钩、护手钩等。晋朝大将冉闵用过钩，悍勇无敌。

（9）叉。是古代作战时长刺武器之一，最先本是一种生产工具，远古人们打猎捕鱼，大多用叉。有三股叉，即三须叉，又名三角叉，其形与牛头相似，号称三股托天。有两股叉，又名龙须叉。还有五股叉，形如烈焰。民间舞叉也很有特色，就是让叉在身体各处盘旋舞动，琅琅作响，很具有观赏性。

（10）鞭。亦为短兵器中的一种，其由来与锏大致相同，《武经总要》中说："铁鞭多节，系袭晋代遗制。连珠三节鞭亦系胡人器形。铁鞭唐代已广用之。"有竹节鞭、虎尾鞭、水磨钢鞭等数种。唐以后就有用鞭的将军，唐初的尉迟敬德、后梁的王彦章都会用鞭。宋代用鞭者居多，梁山好汉呼延灼、孙立等都善于用鞭。而枪鞭夹用，是古时候流行的武将作战方式。

（11）锏。属短兵器，一般长4尺左右，铁或铜制，锏身为四棱或圆弧形。兵器经锻造成型后，锏身往往会经过镏、镀等工艺处理，以增加美观性，故有金装锏、亮银锏等。锏往往做为武将们手中的辅助兵器使用。锏一般不单用，法重双行，故后人有雌雄锏、鸳鸯锏等名。隋唐时候的双锏大将秦琼，马踏黄河两岸，威名赫赫，他与南宋岳飞手下的大将牛皋同是古代使用锏的代表人物。

（12）锤。又名椎，属短重兵器，外形多为球形或瓜状，由于份量沉重，使用起来杀伤力极强，所谓"锤铛之将不可力敌"。战国勇士朱亥，为了帮助信陵君窃符救赵，用暗藏的40斤重的铁锤击杀晋鄙。后来的力士博浪沙椎击秦始皇，用的就是早期的锤。在宋朝的时候，锤已经被广泛使用，相传岳飞麾下著名的"八大锤"就是4位使锤的猛将，岳云锤打金弹子，广为流传。元朝蒙古骑兵也善用铁锤，后来早期清军也很喜欢用锤。

（13）槊。是十八般兵器中重兵器中的一种，多用于马上作战。它由矛和棒演变而来，其结构复杂，较为笨重，多为力大悍猛的将领使用。古代的槊，柄用坚木制，长约2米，粗约一把，柄端装有一长圆形锤，上面密排铁钉或铁齿6~8行，柄尾部还装有三棱铁，因其形状与狼牙相似，故也称"狼牙槊"。早期槊、矛混称，曹操横槊赋诗，用的可能是类似矛的武器。而唐初单雄信用的枣阳槊，就已经是独立成形的槊了。

（14）挝。是一种构造较复杂的兵器。宋代有两种抓型的长兵器，一种是抓枪，长2丈4尺；另一种是抓子棒，无刃而有铁爪，都有击抓之作用，可能是其雏形。《武备志》上图示了一种双飞挝，"用净铁打造，若鹰爪样，五指攒中，钉活，穿长绳系之。始击人马，用大力丢去，著身收合，回头不能脱走。"挝的五指具有机械活动能力，被抓住即难逃脱，后来出现的飞抓可能就是承袭《武备志》的双飞挝而制成的。

（15）镋。是长重器械。形似叉而重大，中有利刃枪尖，称为"正锋"，侧分出两股，弯曲向上成月牙形。下接镋柄，柄长7尺左右。有凤翅镋、雁翅镋、牛头镋、溜金镋、锯齿镋和流星镋等。隋朝大将宇文成都传说就使用凤翅镏金镋，威猛罕匹，仅次于李元霸。

（16）棍。武林中把棍作为"武术之王"。大棍长8尺有余，舞动时需要有很大的腰腿之劲和臂力，实战时往往以其长、大、重先制于人。而齐眉棍舞动时灵活多变，棍声呼啸，气势极为勇猛。水泊梁山九纹龙史进，就是一个用棍的高手。我国棍术流派甚多，明代已有少林棍、紫微棍、张家棍、赵太祖腾蛇棍、孙家棒、俞大猷棍法等十几种著名棍法。少林棍僧名扬四海，史料记载俞大猷还曾经指点过少林武僧的棍法。

（17）棒。同属棍种而稍短。棒长一般约5尺，棒身两端粗细不一，一端粗可盈把，此端是握手处。往上越细，顶端粗。棒的种类较多，仅《武经》记载即有钩棒、抓子棒、狼牙棒、杵棒、杆棒、大棒、夹链棒7种。哨棒长约4尺，比齐眉棍短,硬藤制,为古时军营中巡哨和更夫所用。杆棒如齐眉棍,但亦短。俗语有"棒齐胸、棍齐眉"之说。民间传说隋末靠山王杨林善于使用双棒,而宋太祖赵匡胤善于用杆棒,有"一根杆棒等身齐,打四百座军州都姓赵"之说。至于《西游记》中孙悟空所使的金箍棒,降妖除怪威力无穷,似乎应更近于棍。

(18) 流星锤。是一种以绳索系住锤体,握于手中,击打一定距离之外对手的暗藏武器,属软兵器类。又名飞缒、飞锤、流星缒,使用者需要很高的技艺。

(19) 铲。为古兵器,属薄体阔刃的长兵器。铲头似弯月,月牙朝上,装以长柄,刃与柄呈丁字形。铲起先源于生产活动,后来演变成军事武术器械的一种,在民间流传更广。如僧侣多用铲,平时可代替扁担,或供开路使用,所谓方便铲是也。

(20) 弓。弓(弩)箭因具有较远距离杀伤的特点而备受古代军队重视,用于非接触作战。古人依赖臂力开弓射箭,优秀的射手能拉开数十公斤的强弓,有效射程应在数十米以上,如果借助更强的弓和机弩,远的可以达到数百米以上。古代名将将骑射作为必修的技艺,善射者极多。弩的射程要比弓更远,三国时期和唐朝都出现过威力巨大的各类机弩。弩在宋代得到很大发展,偏重步兵的宋朝将其视作对抗北方骑马民族入侵的利器。而随着更远距离、杀伤力更大的火器的出现和发展,弓弩的地位日渐没落。

(21) 盾。也叫干,虽然也是兵器,但是很少被作为独立的兵器提及。盾的用途主要是防御,用于抵挡进攻兵器的杀伤,有时也作为助攻武器。选材有木、皮革、藤和金属,一般多用木和皮革制成。西汉以前,盾的样式都接近长方形,分为步用和车用,步盾用于防箭和维持阵列,车盾短窄利于车上的防御。长期以来是单兵防护的必备器具,至今在防暴警察队伍中仍然发挥着重要作用。

(22) 戈。在盛行车战的时代,戈的作用很大。但是戈的缺点也比较多,头部容易脱落,所以戈用绳索绑缚头部,看起来很简陋,但是可以重新捆上。戈的长柄需要挥动,攻击速度慢,而且攻击动作单一。由于使用方法的限制,随着战车的衰落,戈也退出了战场。

6. 古代武科考试的内容

综上所述,古代武术的核心是提高武人力量、速度等方面的身体素质,提高战场格斗搏杀的技能,这是根据千百年来在战争的实践中总结出来的经验。即人的力量、速度是格斗中取胜的重要因素,骑射水平又往往是战场上杀伤敌人、保护自己、取得胜利的关键技能。所以这得到了执政者的重视,从而体现在国家武科取士之中，并成为社会上习武风气的倡导。

科举考试是封建社会凭借考试选取人才的一种制度。最早只有文科考试，到了唐朝武则天做皇帝的时代，才开设武科举考试，直到清朝光绪二十七年（1901年）终止。武科考是通过考试选拔武术军事方面的人才。它不是专考武艺，还要考策论，也就是军事战法、战略战术。所以，参加武举的考生没有文化也是不行的。武科考的内容大体分做内场和外场。内场考策论，就是考关于军事、军备、战略、战术方面的知识和见解。外场考武艺，武艺的考试项目在清朝时俗称"弓刀石马步箭"。"弓刀石"属"技勇"类，重在考查考生力量、速度、控制能力等身体基本素质，"马步箭"就是考查考生骑马射箭和徒步射箭的本领。

这里举个清朝武考的例子。清朝的武考，头场考马射，就是骑马射箭。在马道侧边树立多个箭靶，考生骑马奔驰2回射9箭，射中3箭为及格。第二场考步箭和技勇。步箭就是立定射箭，箭靶立在80步外，考生射9箭，中2箭为及格。这个标准是清朝时康熙皇帝制定的。不过，这个标准不是固定的，不同时期会有一些改动。技勇考试考"弓刀石"，就是开弓、举刀、掇石。开弓，就是要拉开拉力很大的弓。考试用的弓有8个力、10个力、12个力的3种，还有超过12个力的弓，为头号弓，也叫出号弓。1个力为10斤，3种弓分别是80斤、100斤、120斤。考生自选硬弓，3次拉满为合格。举刀，刀分3种，分别是80斤、100斤、120斤。考生自选一种刀，必须在前胸后背舞刀花数次。掇石，石分3种，重200斤、250斤、300斤。考生任选一等石，或提起、或抱起、或举起等，必须离地1尺以上，才算合格。技勇这3项考试，必须有2项合格，才能进入内场考试。

从武科考试内容我们可以看出，"弓刀石马步箭"与民间武术是有差别的，它不考核拳械套路及其他武术内容。然而，考生本身却要有武术基础。且在冷兵器时代，选拔军事将领时是多么重视身强力大、弓马高超的人物。

清朝初年，有杭州人叫王玉殿，自幼学习南拳，擅长使用双锏、单刀、团牌等长短兵器。他又向徽州武举人黄庚学习双鞭、向温州总兵马龙学习避箭法、向山阳人刘穆学习刘将军刀法，精通多种武术。顺治八年（1651年）他参加浙江省的乡试武考，3弓射了9箭，箭箭中靶；舞动120斤重的大铁刀，一连舞了88个胸背刀花；他抓起300斤重的巨石，举过头顶，还走了好多步。考官得知他擅长避箭，就要考考他。考官命令多名士兵用去掉箭头的箭射他，他手持双锏，左右拨打，箭纷纷落地，他却毫发无伤，获得了武考乡试第一名。第二年，他夺得武考会试第一。后又参加殿试，依然无人匹敌，终于夺得那一年的武状元。他是个既有勇力又有高超技术的练武人。

（五）拳术兴盛象征武术的成熟

1. 武术在民间得到重视

徒手武术是与持械武术同时产生的。但在火药发明之前的很长时间里，徒手武术处于次要地位。它发展较慢是因为在狩猎和战争中它的杀伤力不如使用兵器。

纵观历史，到了经济比较发达的宋代，火器开始以较大规模出现在战场上，那时已有火箭、火枪。到了明朝，火器已经发展到100多种。火器开始大量取代冷兵器，许多在战场上曾经发挥过重要作用的武器和技术在军队中逐渐被淘汰。这些被淘汰的武器、武术并没有消亡，而是流入民间，发挥它健身、娱乐、表演的功能，为各阶层人们所喜爱。同时，在动荡的社会环境中，人们练习流入民间的格斗技术，增长保卫家乡、防身自卫的本领。这种武术与军事若即若离的状态正好成为武术发展完善的土壤。然而，社会安定不容许持械打打杀杀，于是徒手武术开始得到重视，并在民间逐渐成为主流。

民间武术依然以格斗技术为核心，并开始从舞蹈、杂技、气功中汲取大量的营养来丰富自己，拓展了自己的视野，就此徒手拳术迅速发展起来。特别是到了明清两代，武术发展达到了高峰，大量的武术流派形成，各个拳种流派几乎都具有了格斗、健身、表演的功能。这可以说是当代武术运动以格斗技术动作作为锻炼方式的原因，也是武术运动的独特之处。

2. 套路武术的产生与作用

套路武术大约始自明朝中叶，当时有个大武术家叫程宗猷，他在《耕余剩技·单刀法选》书中讲到创造套路的缘由，他说将临敌实用的刀法组合在一起，以便平时习练精熟，免得临敌掣肘。就是说，套路的招式都是实用招式，组成套路，是为了方便练习。平时把这些招数练熟了，临敌使用便会得心应手。这可以说是套路武术形成的初衷。

套路武术不仅有徒手演练的各种拳术，还有手持刀、枪、剑、棍等兵器演练的器械套路。不仅有个人单独演练的套路，还有双人对练、三人对练或多人集体演练的套路。

套路武术与战场上军事格斗技术还是有相当大的区别的。因此，明清一些军事家非常排斥它，称它为"花法武艺"。

但是，一些真正的武术家对套路的看法是极为客观的。明代武术家、军事家戚继光一向注重武术的实用功能，但又不绝对排斥所谓套路武术，他认为拳术虽然在大战中起不到关键作用，但对习武人、对军士却有增强体力、活动四肢的作用，是"初学入艺之门"，是实战武术的基本功。为此，他精心研究了当时武术的现状，博采各家之长，选出32个招式动作，编成一个套路。如他所说"……故择其善者三十二势，势势相承，遇敌制胜，变化无穷，微妙莫测。窈焉冥焉，人不得而窥者谓之神。"他还说"俗云：'拳打不知'，是迅雷不及掩耳。所谓'不招不架，只是一下；犯了招架，就有十下。'博记广学，多算而胜。"前边讲了这个套路的特点，后边讲了掌握招式的熟、精、多的好处是一招制敌。这套三十二势拳术有说明文字、有动作图解，图文并茂，是中华武术的宝贵遗产。

戚继光在武艺价值观上高人一等的认识是非常客观的、正确的，对今天的武术人正确认识武术运动也是非常有帮助的。

3. 搏击武术深受大众喜爱

前面讲到，原始社会就有"角抵"一类的对抗性搏击运动。到了"宋、元、明、清"拳术成熟时期，搏击对抗的竞技活动就成为武术内容的重要部分，《水浒传》中就描写了浪子燕青和没面目焦挺的相扑本领。搏击对抗运动已是民间练武的重要方式，是锻炼实战的方式，是检验武功强弱的方式，还是可以通过竞赛展示武技更高、更快、更强的娱乐方式。

搏击对抗武术的练习方式既有徒手对抗，像散打、推手，也有持械对抗，如短棍、击剑、对劈刀、滑大杆子等。对抗练习不仅有利于锻炼格斗技术、应变能力，还有利于锻炼胆量和意志。所以，以散打等为内容的对抗项目深受各个时代武术爱好者的欢迎。

4. 武术的娱乐性促使武术大发展

走入民间的武术，只有符合民间大众的需要才能生存发展。随着社会的发展，手工业、商业空前繁荣，繁华的城市生活有着对娱乐与健身活动的强烈需求，广大农村也需要有运动形式和娱乐项目来填补农闲时间。早在唐朝中晚期，军队中就有专门做武术表演的军人，他们精于摔跤、手搏、舞剑。到了宋朝，又有了发展。宋太宗从军队中挑选了几百名身手矫健的军人，让他们练习各类武术、相扑、棒子、刀剑。他们还都掌握了抛剑、接剑的本事。这些人的任务除了在节日、宴会、朝会上表演武术，平时就担任皇帝出行时的警卫。据《续资治通鉴长编》记载，一次，宋太宗宴请契丹使臣，就让这支武术表演队登场献技。数百武士袒露臂膀，高声呐喊，钢刀飞上飞下，寒光闪烁，声势震天动地，令契丹使臣不敢正眼观看。

民间的武术竞赛、表演活动也很盛行。宋朝的城市里有一种名叫"瓦舍""勾栏"的游艺场所，那里有民间艺人表演歌舞、杂技，也有江湖卖艺人演练拳术器械套路，或作相扑、摔跤、木棒对练、刀剑互刺一类对抗竞赛的表演，供人观赏。《东京梦华录》记载有"小儿相扑、杂剧、棹刀、蛮牌"等武艺表演。在《梦梁录》《都城纪胜》《武林旧事》等史籍中还记有"角抵、使拳、舞斫刀、舞蛮牌、舞剑、射弓、使棒、乔相扑、射弩"等武术表演项目。而较量武艺高低的擂台赛，更是当时行香走会、节庆庙会上常有的娱乐形式。而江湖艺人的武术表演正是一种宣传，使大众认识到练武不仅可以学习掌握格斗技能，还可以自卫，并且可以通过练武达到强身健体、自我陶冶的目的。宋朝时，民间有许多操练武艺的组织，像练习摔跤的"角抵社"，练习弓弩的"锦标社"，练习棍棒的"英略社"。尤其在北方，这些组织的成员平日为民，战时为兵，在抵抗北方侵略者的袭扰中发挥了重要的作用。

现在全国流行一百多个拳种，绝大多数拳种都含有基本功、拳械套路、技击方法、内功外功。现代文明社会更是需要有效的健身运动和健康的娱乐活动。如今的套路比赛或表演、养生功法的普及、"散打王"争霸赛、"武林风"争霸赛等一系列对抗性竞赛活动在社会各阶层中都拥有大量粉丝。这既是格斗技术的继承与发展，又是体育运动功用的极大发扬。

5. 养生功法的成熟推广

人类自古就注重养生之道。《史记》中记载，"伏羲创八卦，而使人知养生之道。"就是说在伏羲那时就知道养生的道理。《易经》中记载，"生生不息之谓易。"早在春秋战国时，就已经流行气功吐纳等功法。庄子在《庄子·外篇·刻意》中说："吹呴呼吸，吐故纳新。熊经鸟申，为寿而已矣。此道引之士，养形之人，彭祖寿考者之所好也。"意思是，嘘唏呼吸，吐出胸中浊气吸纳清新空气，像熊那样攀援、像鸟儿那样伸展，是有利于延年益寿的。这是练习导引、善于养生的人，像活了八百岁的彭祖那样的长寿者所喜好、追求的。

到了东汉末，名医华佗根据中医原理创编了五禽戏。这是一套模仿虎、鹿、熊、猿、鸟等5种动物的动作和神态编创的一套导引术，又称"五禽操""五禽气功""百步汗戏"。是我国最早的具有完整功法的仿生医疗健身体操，或可说是后代象形拳的鼻祖。据传华佗的徒弟吴普依法锻炼，活到90多岁依然耳不聋，眼不花，牙齿完好，达到百岁高龄。后来，华佗五禽戏成为历代宫廷重视的体育运动之一。时至今日，五禽戏仍是民间流传最广的、也是流传时间最长的健身方法。

发展到宋朝，养生风气更浓，大文学家苏轼就写过不少养生著作，如《问养生》《续养生论》《养生颂》《养生偈》等，还总结出一套建议的导引法。流传至今的八段锦最早就出现在宋代。宋人晁公武在他的著作《郡斋读书志》中所说"八段锦，不题撰人，吐故纳新之术也"。他说这是一种揉行气于体操的健身法。八段锦有文武两种，文本八段锦是坐工，坐着练习。武八段锦是站立着练。再往后，"易筋经"就出现了。"易筋经"这套功法也有静功和动功两种，其作用是通过易筋经的锻炼，达到筋骨和肌肉的强健。还有"小劳术""行功法""少林五拳（龙虎豹蛇鹤）"等，这些功法都纳入了武术的范畴，是武术健身、武术内功的一部分。

中华武术是经历了千百年的发展逐渐成为今天这个样子的，随着时代的进步，有些内容，如冷兵器时代应用于军事战争中杀伐、击刺、致伤、致残、致死的技术被弱化、被淘汰；而有些其他搏击运动中的优秀内容被借鉴、被吸纳、被融合，这些都是历史前进的必然结果。

第三章 丰富多彩的现代武术运动

一、现代武术运动包含的内容

(一) 传统武术

传统武术是当今武术运动的主体,是全民健身的主要项目之一,习练者众,覆盖面广,且影响深远。

传统武术指的是从古到今、源远流长、代代相传的武术拳种流派。传统武术的渊源久远可追溯到上千年前,如太祖长拳(传说是宋太祖所创),流传时间较短的应该也至少流传了三代人,起码100年左右,如大成拳(也称意拳)。

由于千百年前的社会还不发达,交通不便,通信不畅,武术往往只在各自相对较小的地域内发展。各地的自然环境不同,人们的身体素质不同,即便练习同一种武术也会有不同的练法和侧重。北方人注重刚硬、猛烈、快疾;南方人注重敏捷、灵动、变化。再加上武术家本人对武术理解的不同,擅长招法的不同,身体条件的不同,练出来的东西自然会有很大差别。就如高、矮、胖、瘦、体强、体弱、聪明有悟性、愚笨理解力差的人练同一种武术,必有他本人的侧重,如果他的练法特点很突出、很成功,追随的人很多,他照着自己的练法传承下去,久而久之,就形成了流派,这就是人们常说的拳种门派。

20世纪80年代,国家组织力量在全国进行了一次武术挖掘整理工作,经过普查,得知全国共有129个拳种门派。有动作窜奔跳跃、拳脚并用的长拳类武术,如查拳、华拳、花拳、红拳、戳脚、弹腿、燕青拳、翻子拳、六合拳、梅花拳……有劲力刚猛、硬打实作的炮捶、八极……有拳路大开大合、招法放长击远的通臂、劈挂……有主张以静制动、后发制人、后发先至、借力打力的太极拳、行圈走转的八卦掌、相生相克的形意拳……有专注于功法、技击、对抗的大成拳、顺手拳……有模仿动物攻防争斗动作的象形拳,如猴拳、鹤拳、蛇拳、鹰拳、鸭拳、螳螂拳、鹞子拳、醉八仙、蝴蝶拳、虎鹤双形拳、地术犬法拳……有门户紧密严谨，动作紧凑绵密，手法灵巧富于变化，注重贴身近打的南拳类武术。如广东南拳洪家拳、刘家拳、蔡家拳、李家拳、莫家拳、蔡李佛拳，福建南拳咏春拳、白鹤拳、五祖拳，湖南南拳巫、薛、洪、岳四大家，还有湖北南拳、四川南拳、江西南拳、浙江南拳等。此外，还有许多独立的功法。如少林寺有《少林七十二艺》、武当山有《四大功法》等。

为什么传统武术拳种门派那么多呢？

中国武术最早没有派别、拳种、门户的区分。古代所流传的武技大都偏重于刺击。在漫长的历史传衍过程中，刺击术越来越丰富、复杂。个人的因素也越来越明显地融入刺击术中，有的手法轻柔，有的手法刚健，特点鲜明，这就有了流派的因素。后来，手法轻柔的流派吸收了刚健的手法，形成了柔中含刚的新派；手法刚健的流派融合了轻柔的手法，就形成了刚中有柔的新派。各个流派在传承的过程中会涌现出一些有名的拳师，他们的个人特点自然而然地融进所传承的武术流派当中。一个老师传了9个徒弟，9个徒弟可能各有各的特点，就如干生枝、枝生叶，纷繁交错、枝叶茂盛。还有些聪明的拳师，受到自然界各种现象的启发，发明创造出仿生动作招式，从而形成新的流派。例如，螳螂拳的创始人王朗，传说他是山东即墨人，自幼喜好练武，曾在少林寺学艺多年。一天，他看到一只螳螂与一只蝉在搏斗，就在一旁观战，只见螳螂挥舞前肢如同两把大刀，进退躲闪，颇有章法。他顿时产生灵感，就逮了十几只螳螂回家观察，根据螳螂的动作总结出一套手法。同时发现螳螂虽然前肢如刀般厉害，步法却不够灵活，于是就吸取猿猴步伐的灵活，终于创出螳螂拳，一个新拳种就这样诞生了。这便是武术拳种门派众多的原因。

拳种门派繁多，固然体现了武术的博大精深，但也带来了一些副作用，使一些别有用心的人"家各自为说，人自为师"，生编硬造些光怪陆离的名目，如拼命拳、刘唐下书拳、孙二娘大战拳，传授《九阴真经》、"降龙十八掌"等武侠小说中杜撰的武术功法。所以，学习武术知识，需要去粗取精，去伪存真。

传统武术门派、拳种颇多。在后文中会详细展开为大家介绍个别门派及拳种特点。

（二）竞技武术

竞技武术指高水平武术竞技，是为了最大限度地发挥个人运动潜能和争取优异成绩而进行的武术训练竞赛活动。为了竞赛的公平、公正，必要确定统一的竞赛内容和评判标准。突出专业化、职业化、高水平、超负荷和竞技性。

1. 竞技武术之武术竞赛套路

竞技武术中的武术套路自20世纪50年代就有了雏形，经过几十年的实践，至今已形成一个包括竞赛制度、运动队训练体制和技术系列三大部分的完整体系。按照竞赛要求，制定出规定套路和自选套路。套路内容有长拳、太极拳、南拳、剑术、刀术、枪术、棍术和其他拳术（第一类为形意拳、八卦、八极，第二类为通背、劈挂、翻子，第三类为地趟拳、象形拳等，第四类为查、华、炮、红、少林拳等）、其他器械（第一类为单器械、第二类为双器械、第三类为软器械）、对练项目（徒手对练、器械对练、徒手与器械对练）、集体项目等，分作规定套路和自选套路。

规定套路是国家武术管理部门统一组织编创的武术套路，包括已普及的初级、中级套路以及竞赛规定套路。各级别套路均有拳术、刀术、剑术、枪术、棍术等内容，每个套路由不同难度和数量的规定动作组成，具有严格的统一规范和标准。规定套路是运动员必须掌握的。

自选套路是武术竞赛需要的产物，对自选套路的动作数量、组别、规格和完成套路时间都有统一的、严格的规定，在此基础上，运动员、教练员可以自由发挥。

以竞技武术套路为形式的国际武术比赛有世界武术锦标赛和洲际性武术比赛。在国内，竞技武术比赛以全运会为最高层次，以全国武术锦标赛为龙头。

人们熟知的李连杰、赵长军、吴京、戈春燕、熊欣欣、王群、王珏等大放异彩的武打动作明星，几乎都是出身于竞技套路武术的运动员。

2. 竞技武术之散打

散打，是竞技武术的一项内容。散打运动员是在搏击对抗中决定胜负的。散打在传统武术中叫作散手，是中华武术的精华，是具有独特中华民族风格的体育项目，多年来在民间流传发展并深受人民喜爱。

现代散打运动以增强体质、交流技艺、防身自卫、提高技术水平为出发点，从传统武术徒手技击术中取舍动作，是脱胎于传统武术散手的新型体育运动。它突出地反映出武术的特殊本质——技击性，同时又明显地区别于使人致伤、致残的技击术，更不包含致人于死地的技法。散打规则严格规定了不准向对方后脑、颈部、裆部进行攻击，也不允许使用反关节动作及肘、膝的打法，但可以运用武术各种流派的技法。散打是在双方掌握了散打的基本动作和基本技术的条件下，经过训练，在没有固定格式的情况下，在规则规定的范围内进行较技、较勇、较智，一决高下的对抗性运动。近十几年，随着与国际格斗界的交流，多种格斗形式与技法也纷纷流入中国。国际上流行的、融集各种格斗技法的综合格斗（MMA）就是李小龙最先提出的。比较有名的散打运动员有柳海龙、宝力高、巴特尔、赵子龙、徐琰、格日乐图、苑玉宝、方便等。

竞技武术所包含的套路竞赛和散打对抗赛都是专业运动员练习的项目，非专业选手是难以企及的。初学乍练者，要根据自己的身体素质、心理素质、性格取向决定自己的选择，而且必须在专业教练员的指导下，循序渐进，不可贸然行动。

无论传统武术还是竞技武术，都包含套路武术和搏击武术两大内容。虽然套路武术与搏击武术有较大的差别，但是内在联系是紧密的。这两种形式是当代武术的主体，互相补充，并驾齐驱。

由于推广、竞技等原因，竞技武术从动作要求、判断标准上就有别于传统武术。但武术运动的核心原理应该是一致的，是符合科学运动规律的。

（三）传统养生功法

自先祖以来，我们就非常重视养生保健，并在实践中积累了极为丰富的经验，逐渐创立了拥有系统理论、独树一帜的传统养生文化，用以指导人们如何健身。

武术与养生的结合，无论是简单的养生术的移植，还是部分训练手段的融合，抑或是观念性的改造，对于传统武术的自身发展来说都有着积极的意义。无论是作为手段，还是作为目的，传统武术对古代养生的引进与消化，均给武术发展带来了更多益处与实惠。

如华佗五禽戏就是吐纳导引、象形拳与中医经络知识相结合的功法。华佗五禽戏是以模仿动物的动作和神态为主要内容的组合动功。"五"是一个约数，并非限于5种功式；"禽"指禽兽，古代泛指动物；"戏"在古代是指歌舞、杂技之类的活动，在此指特殊的运动方式。本法之起源可上溯至先秦，如《庄子》中有"熊经鸟申，为寿而已矣"等载述，可见当时已有多种模仿动物形神的导引图文，更属"五禽戏"原始功法之类。具体将"五禽戏"整理总结并作为一套功法的推广者是汉末三国时期的著名医家华佗。

五禽戏由5种动作组成，分别是虎戏、鹿戏、熊戏、猿戏和鸟戏，每种动作都是模仿了相应的动物动作。每种动作都是左右对称的各做一次，并配合气息调理。它是一种外动内静、动中求静、动静兼备、有刚有柔、刚柔并济、练内练外、内外兼练的仿生功法。

又如八段锦。八段锦并非拳术，它是一套独立而完整的健身功法，由8节动作组成。其每节动作的设计，都针对一定的脏腑或病症的保健与治疗需要，有疏通经络气血、调整脏腑功能的作用。八段锦起源于北宋，至今已有800多年的历史。古人把这套动作比喻为"锦"，意为五颜六色，美而华贵，体现其动作舒展优美，称其"祛病健身，效果极好，编排精致，动作完美"。现代的八段锦在内容与名称上均有所改变，此功法分为8段，每段1个动作，故名"八段锦"。练习八段锦，运动量可大可小，方便灵活；身法端庄，姿势舒展大方；能活动全身肌肉关节，调节内脏器官，加速血液循环，强化体质。八段锦的身形结构要领与传统武术各种桩功一致，练习时能使经脉通达、气血通畅。

中华武术与气功、中医在同一文化领域内相互融合、渗透，形成了世界上独一无二的人体养生体系，在人体养生方面起到了重要的作用。

（四）武术理论研究

中华传统武术在漫长的发展过程中，除了完善了格斗搏击技术和养生健身功法外，还逐步总结、完善了理论，使得中华武术更加系统化、科学化，更加突出民族特色。

早在北宋初期，朝廷为了边防的需要，就大力提倡文武官员研究历代军事活动、战争事例和兵书战策。当年，曾公亮和丁度二人编纂了一部军事著作《武经总要》，这本书包括军事理论与军事技术两大部分，是具有较高学术价值的一部兵书。

后来，北宋朝廷组织编写了《武经七书》，它由《孙子兵法》《吴子兵法》《六韬》《司马兵法》《三略》《尉缭子》《李卫公问对》这7部著名的兵书汇编而成，作为官方认定的图书颁行。这是中国古代第一部军事教科书。这些兵书除了讲述战略、战术外，还有对士兵的训练，当然也包括武艺。

到了明清时期，人们对武术理论的总结达到一个高峰，特别是许多练武的文人介入，使得武术著作丰富起来。例如抗倭名将俞大猷，著有《兵法发微》《剑经》《洗海近事》《续武经总要》等军事、武术作品，后人将俞大猷诗词编成《正气堂集》。其中《剑经》就是一部专讲棍术的专著。

儒学大师、军事家、抗倭英雄唐顺之，从历代兵书及其他史书中辑录关于军备、武事方面的资料，结合抗倭实践，编纂了《武编》一书。

抗倭名将、杰出的军事家、民族英雄戚继光，在东南沿海抗击倭寇10余年，又在北方抗击蒙古部族进犯10余年，总结了丰富的经验，编纂了著名的兵书

《纪效新书》和《练兵实纪》。《纪效新书》中的"拳经捷要篇"记述分析了当时武术流派的状况。

明代著名武术家程冲斗,字宗猷,有《耕余剩技》一书流传后世,这部书包括《少林棍法阐宗》《单刀法选》《长枪法选》《蹶张心法》(弓弩的制作和使用方法)四部分,是享誉武林的一本名著。此外,他还有《射史》一书传世。

明末军事家茅元仪,历时15年写成重要的军事著作《武备志》,这本著作对后世影响较为深远。

明代军事家、诗人何良臣,大约生活在明朝正德、万历年间。他著有《阵纪》一书,该书论述了军队选练、治军、用兵、作战的原则。特别强调了练胆练艺相辅相成,要将军队练成武艺精、胆气壮、进退熟、变号识、心同气一的威武之师。

明末清初的诗人和史学家吴殳,是一位成就卓著的武艺家和武学学者。他的《手臂录》更是大家比较熟悉的一部武学名著。这本书对当时流行的各家枪法及单刀作了精辟的论述,书中尤其推崇峨嵋枪法。

明末清初的大儒王余佑身负武学,善骑射、击刺。王余佑有《十三刀法》,又称《太极连环刀法》传世。清初盛传北方的颜李学派创始人颜元(颜习斋)、李塨(李恕谷)都曾向他求教过武艺文章。王余佑完全可以被称作清初北方实学的先驱。

清初大儒黄百家,其父黄宗羲(梨洲)精技击,曾于明末组织武装于浙江四明山抗击清兵,并作《王征南墓志铭》记述王来咸(字征南)事迹。黄百家好拳术,师承王来咸,精通内家拳。著《内家拳法》,是如今研究内家拳法的重要著作。

近100多年,武术著作如雨后春笋,既有武史研究,也有各拳种技术的教学,还有对各种理论的探讨,以及对武林前辈的回忆、传略等,佳作颇多。

各个拳种流派都会对自己流派的历史渊源、技法特点、功法特点、风格特点、理论基础进行整理、研究、总结,写成文字,用来指导后辈传人练习。这是从实践到理论的升华。各个拳种流派的拳经、拳谱、拳谚、拳诀等都汇聚着各拳种流派历代拳师的经验。各个拳种流派所有的理论著作多少不一,但只要有成熟的武术技术内容,以及阐述本拳种武术特色和练法精要的理论,就都是该拳种成熟的标志。

现代武术已被认定为优秀的传统文化,并被提升到了"武道"和"武学"体系的高度，被赋予了丰富的文化与理论内涵。李小龙的《武道释义》和王芗斋的《拳道中枢》等著作先后从不同角度抛开、超越了单一拳种门派技法理论的研究，将武术上升到了哲学、"武学"和"武道"的层面，从而引发了对传统武术更深层的思考。近年来，《中华武道概论》等论著则在众多先贤的基础上，系统地梳理出了一套比较完整的理论与学科体系。

（五）现代武医健康养生学

传统武医是在中医理论指导下，针对练武造成的各类损伤，采取相对应的预防、治疗、康复等医学手段和方法的一门技艺。其中很多都是在长期实践中，对人体本能规律归纳积累而形成的。传统武医以中医外治为主要手段，调理治疗手段多样，基本依循经络学原理，辨证施治，无副作用，收效显著而直接。中医外治也称为自然疗法，历史悠久，治疗方式灵活多样，既是中国民间医术的精华所在，也是中华传统武医的根本。武医提倡"治养结合，养练结合"，可广泛应用于现代预防医学和康复医学领域。

清末民初，众多武术名家同时也是著名的骨伤科专家。从当年由沧州闯荡上海滩的武林名家王子平、佟忠义，到名扬江浙沪的海派骨伤科石筱山；从享誉大江南北的京城名家王荣标传下王侠林、刘寿山（北京东直门医院第一任骨科主任）一脉，再到开创成都体育学院附属体育医院的郑怀贤，都是武医的代表性人物，无不为当今中医骨伤科和中医外治法奠定了重要的基础。

武医调理师除了掌握中医外治法外，还强调自身修养和武功修炼。这不仅直接关系到其治疗与调理效果，同时也是衡量武医调理师水平的重要依据。

随着现代社会节奏与生活节奏变化和发展的需要，一门在传统武医基础上，经过长期深入的研究和系统的梳理、验证、筛选、整合，理念更加清晰，方法更加明确、有效、安全，平台更加开放的综合性学科应运而生了，这就是武医健康养生学。

现代武医健康养生学是一门跨越诸多学科的新兴学科。所有的理念、原则、调理方法，无不以传统中医学理论和传统武术经典理论为基础，集中医外治法和养生功法之大成。在如今人类急迫回归自然疗法的需求中，武医健康养生学有着广阔的发展空间和前景。武医健康养生学突出了人在改善人体健康养生中的主导作用，强调调动人体潜能、改善人体健康的重要性和实际价值。武医健康养生学搭建了一个开放式的人类健康养生共享平台。

武医健康养生学学科体系对调理方法进行了科学的分类，即主动型经络调理法和被动型经络调理法。

（1）主动型经络调理法是指，亚健康人群练习具有传统导引吐纳功能的各类养生功法，以及采用自我循经推拿、按摩和自我捶疗、拍打等调理手段，调动自身体内的潜力和能量，疏通经络，改善气血、呼吸和心肺系统，从而达到身体康复与健康养生的作用。

（2）被动型经络调理法是指，亚健康人群借助武医经络调理师，采用循经推拿、捶疗、整脊、梅花针、艾灸等多种以外治为主的经络调理手段帮助被调理者，从而改善被调理者的经络及气血运作状态，促使其体内潜能得以恢复，达到康复、健康养生之目的。

武医健康养生学把以往分散在中医学、运动医学、养生学、预防医学、康复医学和传统武术等多个学科里的基础理论、文化理念、实用技法方法，经过梳理和有机地整合，提升成为一门独立的综合性学科。

二、现代武术运动的特点

著名武术家吴斌楼先生曾明确地提出，"武术讲三术，即技术、医术和艺术"，这三术正好体现出现代武术的特点。

武术的缘起是用来搏斗的，任何一个拳种门派，无论是套路、散打，还是单练对练、内功外功，只要是属于武术范畴，就都以攻防技术动作为核心，都要通过对技击方法的练习达到锻炼的目的。这是武术最本质的技术性。

武术本身是一种肢体艺术的表达，武术运动体现着动静之美、快慢之美，高低、断续之间自有韵律。它是力量之美、速度之美、节奏之美、技巧之美的统一。像"苍鹰扑食""白猿献果""黄龙摆尾""大鹏展翅""手挥琵琶""玉女穿梭""燕式平衡"等动作，无不引起观众丰富的想象，观看套路武术比赛、表演或散打搏击对抗，都给人一种美的享受。这是它的艺术性。

有句武术谚语说，"拳起于易，理成于医"。这个"易"指的是古代的一部哲学著作——《易经》。"医"指的是中国的传统医学——中医。这句话说明了中华武术与中国传统文化密不可分的联系，无论是阴阳、五行、太极、八卦等哲学观念，还是儒家的经世思想和伦理观念；无论是医家的辩证思想，还是兵家审时度势的变化之道，都对中华武术有着深刻的影响。

武术和中医密切相关，素有"医武不分家、武医同源"之说。传统中医的整体观和综合观理论几乎完整地体现在中华武术的理论体系之中，形成"形神合一、内外兼修、内养性情、外练筋骨"的强身健体的观念和方式。传统中医认为精、气、神是人体的"三宝"。例如，中医讲究扶正祛邪，调理匡扶精气神。明代大医学家张景岳在他的著作《类经》中指出，"精能生气，气能生神，营卫一身莫大于此。"而各门各派的武术都讲究内外兼修，所谓"内练精气神，外练手眼身"，讲究通过"有形之身"的锻炼来达到精足、气充、神旺的境界。武医同源可见一斑。

生命源于运动。练武可以增强体质，调节身体各个器官的功能，从而达到强身健体的目的。对中医知识进行系统的学习能够让习武者更好地了解身体结构，避免运动伤害。

武术种类繁多，身体健康的人练武术，可以提高身体素质，使自己更健康；体弱病患者可以选择适合自己身体条件的项目锻炼，从而达到辅助医疗、恢复健康的效果。而武术范畴包含的气功导引、点穴按摩、正骨疗伤等都属于武医学的范畴。随着现代生活节奏以及全民大健康的需要，武医健康养生学的学科体系也应运而生。

武术这种集三术于一体的特征，是其他运动项目难以比拟的。

三、具有代表性的传统武术门派

武术门派即武术拳种、流派的总称。由于我国的地域广阔、民族众多、气候不同，武术的表现形式也不一样，这就形成了武术的派别。

（一）南拳北腿

武术的风格往往有很强的地域性。如江南一带，气候炎热潮湿，灌木丛生，沼泽遍布，水域宽阔，路少船多。丛林中藤缠枝绕，所以人们使用的武器多较短小，且双手益用。这样适用于丛林中抢砍，不被枝藤缠绕。在沼泽和水中，短小或双短器械便于携带和游泳。显然，长刀和长枪不适合在水中使用。

以前，南方人多住在船上或以船代步，在斗争打拼中回旋的范围很小，这就要求其要站得稳、打得狠，在有限的船面上发挥自己的长处，拳打如风，脚底生根，这就形成了南方人特有的"南拳"。基于以上条件，南方多用拳，脚实而生根，器械也多是双匕首、双圈、双峨眉刺、判官笔、短刀、短剑等。而我国北方，山高石广，田原平坦，回旋之地很大，征战时多用长、大、重的器械，拳术也是拳脚齐用、窜蹦跳跃。南短拳、北长拳就是这样形成的。南方拳短小精悍，北方拳强劲威猛，从地域上形成了南、北两派的不同练法。

又如中华武术谚语"南拳北腿，东枪西棍"之说。"南拳"是指流行于长江流域及其以南地区的武术，手法多，桩步稳，拳势激烈，并常以发声吐气协助动作发劲，需要的场地较小，素有"拳打卧牛之地"的说法。"北腿"是指流行于黄河流域及其以北地区的武术，长于腿法，架式大，节奏快，多窜奔跳跃。北派拳术需要的场地较大，有"拳打四方"的说法。南北武术各有侧重，特点鲜明。

（二）中土武功三大宗

少林寺、武当派、峨眉派共称为中土武功三大宗派。

1. 天下功夫出少林

众所周知，少林寺是中国佛教禅宗祖庭，也是少林武术的发祥地。由于二者都署名于少林寺的门下，所以人们通常把少林武术同禅宗联系在一起，推达摩为少林拳的创始人。少林是中国武术之宗，也是中原武术中范围最广、历史最长、拳种最多的武术门派，在武林中占有举足轻重的地位，少林武术的发扬光大与明代著名的武僧觉远上人是分不开的。

觉远和尚原是金末元初的一个贵族子弟，但因为违反了当时的法律，为了逃避官兵的追捕，就到少林寺出了家。觉远和尚在性格上是一个豪放之人，喜欢结交朋友，舞枪弄棒。他拜了当时非常有名气的洪温为师，练起武来格外认真，每天都早早起床，晚上很晚才睡觉，有时在梦里还在琢磨着武术的招式。到少林寺后，觉远很快被分配到藏经阁"工作"。对于到少林寺学武的僧人而言，这绝对算得上是一个美差，因为在这里，可以接触到少林寺的经书、拳谱和剑谱。觉远在藏经阁期间，一边练习，一边揣摩罗汉十八手的一招一式，然后又吸纳了其他武功绝技，最后把罗汉十八手演化成了七十二手。觉远虽然在藏经阁可以接触到少林寺中的武功绝学，但更重要的是他吸纳了全国各地的武林绝技，并把这些绝技编成固定的套路，因此才有了少林拳法"中兴之祖"的称号。

觉远对少林功夫作出的贡献，和他周游全国，遍访天下武林名家有关。在湖北、湖南、陕西、甘肃等地都曾留下过他的足迹。觉远在少林寺出家时，少林寺的方丈是福居大师。福居大师当时有一个雄心，想要完成荟萃天下武功的大业。于是他派武功高强的少林僧人遍访天下武林名家，觉远和尚就是福居大师派出的武林高僧之一。一天，正在兰州街头行走的觉远和尚，在集市上看到一位年近六旬、精神矍铄、鹤发童颜的老人，手提一个酱油瓶在人群中匆匆赶路。谁料人流拥挤，酱油瓶不慎从老人手中跌落，弄脏了一位壮汉的衣服。壮汉一见大怒，不由分说，伸出巴掌，就朝老人脸上扇去，老人一边后退一边躲闪，并躬身施礼道："壮士，请恕老朽有眼无珠。"但这位壮汉对老人的赔礼道歉视而不见，反飞起一脚朝胸踢来。正当觉远路见不平，欲拔刀相助时，壮汉朝老人裆下又是一脚，只见老人躲闪灵巧，壮汉这一脚踢在墙上，震得泥土纷纷落地，壮汉捂着脚趾连连叫疼。壮汉更是恼怒，又朝老人脸上踢来，老人也不躲避，只是微笑着顺势将他的脚跟轻轻向上一抬，那壮汉便仰面朝天，摔出了两丈多远。老人头也不回，朝城北走去。觉远心想，是遇到武林高人了，于是便尾随老人出了城门。一直追到日落西山，才见老人走进一间茅屋。觉远忙上前拜访，老人告诉觉远，他姓李名奇，人称李叟，家乡在中原一带，数十年前迁居兰州。觉远听完介绍说："弟子是少林僧人，奉方丈的命令遍访武林名家，拜师学艺。"接着又把福居方丈的打算说了一遍，老人想了想说："我根本算不上什么武林名家，我为您推荐一个人，老友白玉峰乃当世技击家之魁，大河南北无人能及，他现居洛阳，你可以去拜访他。如果他能帮助你，要胜过我千倍。"于是他们一同前往洛阳，几经周折，终于在洛阳福禅寺找到了白玉峰。白玉峰是山西太原人，当时已50多岁，看上去身材并不高大，但非常健壮。李叟引见后，白玉峰笑着说："原来是福居方丈相请，如果推辞就是对方丈的不恭敬。明日我们就同回少林。"后来他们在少林寺朝夕演练，取旧时宗法，融会贯通，白玉峰还将罗汉十八手增至一百七十三手，并亲自创编了龙拳练神、虎拳练骨、豹拳练力、蛇拳练气、鹤拳练精的五拳要领。李叟也将擒拿、棍法绝技悉心传授。后来白玉峰也剃度为僧，在少林寺做了和尚，法号"秋月禅师"。李叟在少林寺传授武艺10余年后离开，他的儿子留在少林寺，皈依了佛门，法号"澄慧"。

觉远、李叟及武林高手白玉峰等大师同归于少林，他们一起研讨拳术、剑术、棍术、擒拿等功夫，为少林武术的发展作出了不小的贡献，因而被称为少林武术的"中兴之祖"。少林武功博大精深，无人可以穷尽，是天下最大的武学宝库，不愧为武林第一大门派，民间更有"天下功夫出少林"的美誉。

2. 技击与养生并重的武当派

武当山雄踞于湖北省西北部，为大巴山余脉，北接豫陕，南控三峡，西邻巴蜀，东瞰武汉，方圆800里，其主峰天柱峰海拔1612米，高于泰山和嵩山。武当山古属均州，为襄阳府所辖，今属丹江口市。从武当山向南不远，便是著名的神农架林区。

武当山奇峰竞秀，风景幽丽，其险奇诡异之境，雄浑涵厚之态，较泰山有过之而无不及。武当山地处偏远，迥出尘表，历来为道教圣地之一。相传真武帝君曾在此修炼，久而得道飞升。

武当山的道士很早就有练拳的传统，清初学者黄宗羲说武当拳为武当道士张三丰所创，其实是没有根据的。据史料记载，张三丰生活在元末明初时期，他曾在武当山修炼气功，但是不会拳术。

道家讲究清静无为，又最讲究养生之道，所以武当拳的特点是技击与养生并重，融养生于技击之中。几乎所有的道家拳派都是如此，这与偏重技击的少林拳有所不同。

武当拳以养气健身、制敌自卫为目的，其技击原则是后发制人，以静制动，以逸待劳，后发先至，乘势借力，要求斗智不斗力，尚意不尚力。在对敌时，要求化去对方的劲力，而不宜以硬对硬（贵化不贵抗）；步走弧形（圈步），进以侧门（从敌方身侧抢进）；动如蛇之行，劲似蚕作茧，心息相依，闪展巧取。

武当拳手法多变，以翻钻为主，多用掌而少用拳，不像少林拳那样，多是出拳直击。武当拳法较少有跳跃动作，步型低矮。多用掌，与重在打穴有关；少跳跃，与重在实践有关；步型低，与重在擒拿有关；走圈步，与重视跌法有关，由此形成了武当拳的独特风格。

道士过的是与世无争的清静生活，所以练武当拳的目的在于自卫，除遇到危急情况外不许动手，而一旦动手，则是柔中有刚，软里藏硬，化劲用柔，发劲用刚，具有较大的威力。

清代初期，武当拳曾在宁波一带流传，出现了张松溪、叶近泉、单思南、王征南等高手。黄宗羲的儿子黄百家就是王征南的弟子。由于武当派极秘其技，择徒甚严，又向来不爱炫耀，所以武当拳的流传并不广。黄百家之后，武当拳似乎突然消失，人们多以为已失传，实际上并非如此。

大约在明代中期，武当拳分为两支，一支留在本山，另一支据说由张松溪南传至四川。晚清光绪年间，武当山道士的后人邓钟山又在江苏江宁（今属南京市）开堂授徒，于是武当拳又东传至江苏。四川、江苏两支至今繁盛。留在武当山的一支也未失传，至今武当道士仍然保持着练武传统。

据粗略统计，流传至今的武当派拳路不下60种，包括太乙五行、纯阳、太和、启蒙、六步、咫尺、光明、问津、探马、七肘、七星、两仪、指迷、鹞子、长拳、六路、八极、醉八仙、云帚、刚拳、五朵梅花、柳叶绵丝掌等。武当派的器械套路也有几十种，如六乘枪、四门枪、雁门神枪、岳家枪、龙门十三枪、一苇棍、撼山易棍、玄武棍、棍元铁棍、武当剑、八仙剑、三合刀、四门刀、戒刀、春秋大刀、雁尾单刀、虎尾鞭、连环铜、板凳拳、太极球等。武当拳派中还包含若干功法，比较著名的有活气功（类似"铁布衫"功）、和血功（重在养生）、打穴功、浑元阴阳五行手、黑砂迷魂手、红砂勾魂手、五毒断魂手、五雷闪电手等。

武当拳系的形成时间大概在明末清初，约与少林拳系属同一时期。

3. 亦柔亦刚的峨眉功夫

与少林、武当共称为中土武功三大宗的当属峨眉派。峨眉派是一个范围很广泛的门派，尤其在西南一带很有势力，可以说是独占鳌头。峨眉派之得名，是以佛教四大名山之峨眉山而起的，它与洪门天地会的"峨眉山"不同，洪门的"峨眉山"是山堂，出于虚构，峨眉派的"峨眉"是地名，是实指。

从明代开始就有峨眉派的记载。峨眉派最初是一个由女子所创的武林门派，开始的时候叫作玉女拳法，后因祖师入了佛门，又因称女子为"峨眉"和佛教圣地之"峨眉山"的双重含义而得名。

峨眉派功法介于少林阳刚与武当阴柔之间，亦柔亦刚，内外相重，长短并用，攻防兼具。拳经上讲："拳不接手，枪不走圈，剑不行尾，方是峨眉。""化万法为一法，以一法破万法。"总之是以弱胜强，真假虚实并用，站在女子的角度融汇了南拳、少林、武当等众家之长。

从宗教渊源上看，峨眉亦僧亦道，以道姑为主。此外，峨眉派的许多招式也都具有女性色彩，如拳法中的一面花、斜插一枝梅、裙里腿、倒踩莲等，又如剑法中的文姬挥笔、索女掸尘、西子洗面、越女追魂等，簪法中的闭月羞花、沉鱼落雁等都完全是女子的姿态。又如峨眉派的著名兵器峨眉刺，又称玉女簪，也是由女子发簪变来的。

峨眉派武功有所谓"动功十二桩"：天、地、之、心、龙、鹤、风、云、大、小、幽、冥；又有所谓"静功六大专修功"：虎步功、重捶功、缩地功、悬囊功、指穴功、涅槃功；还有"三大器械"：剑法、簪法（峨眉刺）、针法（暗器）。峨眉派的绝技，不仅包括三十六式天罡指穴法，还有峨眉剑法。峨眉派的剑法和簪法，姿势优美而威力十足，也是峨眉派的绝技。

当今，少林拳、武当拳在我国流传甚广，几乎家喻户晓。而峨眉拳高级技法用于女子防身，制敌残忍，历代传授方法注重口传、身传、正宗单传，加之门规戒律的不言师、不在人面前演艺、不与人交技、高级技法只准单练，又因长期以来乏人整理研究、推广启承，因而鲜为人知。

上述提到"外家少林，内家武当"，峨眉派当介乎内家拳与外家拳之间，峨眉派是佛道相结合的门派，外家拳和内家养生气功等相互借鉴形成了峨眉武术的独特风格。

除中土武功三大宗外，还有很多具有特色的武术门派。与武当同属内家拳的昆仑派也是一大名门。昆仑派独树一帜，技法奇特，内容丰富，既有技击护身之功，又有健身益年之术。其中昆仑拳是其代表之一。昆仑拳矫健有力，动作迅速快猛。讲究刁滑、凶猛、吞吐、浮沉人法；手型多变，攻防结合，手脚并用，步法灵活、扎实。昆仑派长期秘传之气功大雁功，则是模仿大雁的形态，结合气功导引法编成的一套高级功法，其功效能舒筋活血，防治疾病，保健强身。

崆峒派也是著名的武术流派。崆峒武术讲究实打、实拿，以技击强身健体和增加功力为目的。崆峒派武术特点是"奇兵"（兵器），它不属于十八般兵器。其形式各种各样，小巧玲珑，携带方便，不易被对方发现，交手中往往能出奇制胜。崆峒派武术习练分八大门，从初级到高级依次为飞龙门、追魂门、夺命门、醉门、神拳门、花架门、奇兵门和玄空门。每门有十五六套拳术和器械套路，每个套路又有几样"奇兵"。此外，还有一套先天十八罗汉手，其作为崆峒派武术的基本功来练习。

四、细说外家拳与内家拳

在武术界中，内家拳、外家拳区分流传已久，但究竟什么是"内家"，什么是"外家"呢？"内家拳"与"外家拳"这两个词约起源于清朝，这是因为自明末清初开始，一些内家拳流派开始创立，并逐渐为世人所知晓。但是，由于有些内家拳流派"反清复明"的政治背景，使其不愿将底公之于众，又由于内家拳抬手发人、伤人于无形的技击效果，使内家拳蒙上了一层神秘的面纱。要想知道内家拳、外家拳的由来，应当先了解"内家"与"外家"的词义。

"内家"就是在家，指在家庭中生活，也就是可以娶妻生子，共享天伦之乐。我国的道教(指正一教等教派)最初是允许娶妻生子的，后来也只有元朝丘处机创立的全真教派不允许道士结婚。因此，习惯上也将道士视作"内家"。而"外家"即出家之意，例如出家为僧，超脱凡俗，追求西方极乐净土。

内家拳，武术流派的说法之一。内家拳是一种"主于御敌"的拳种。所谓

"内家"即在家,是相对出家而言,内家拳则是相对于"主于搏人"的"外家"拳技而言。外家拳,武术流派的说法之一。黄宗羲《王征南墓志铭》记载:"少林以拳勇名天下,然主于搏人,人亦得乘之。有所谓内家者,以静制动,犯者应手即仆,故别于少林为外家……"然而,少林拳家和一些武术研究者对此说法持有不同看法,认为少林拳也是内外兼修的拳术。

内家拳与外家拳的不同点有以下几点。

(1) 先天力与后天力:先天力又叫本力,是局部肌肉伸缩的力量;后天力又叫内力,是整体发力。外家拳是用先天力攻击,其特征是局部肌肉紧张,很少将人打飞;内家拳是用后天力攻击,其特征是局部肌肉用力很小,便可将对手轻易发出。因此,会不会发人是鉴别内家拳、外家拳最重要的标准。而内家拳功夫越高,越可以在任何状态下,用任何部位将对手发出。

(2) 先发制人与后发制人:先发制人是以我方的主观判断为主,抢先出手,包括使用预先练熟的连环招法攻击对手,这是外家拳的特色。后发制人是根据对手的招式和劲力来决定我方的招式和发力方法。所谓后发制人,并不是拘泥于外形的先发后发,而是在听力后再发力。内家拳手完全可以先出手,你不接招便是实手;你一接招,他便听力、变力、发力。

(3) 技术内容不同:也许是内家拳是由外家拳发展而来的缘故,在内家拳中,有不少招式的外形来自外家拳,但是在外家拳中却鲜有内家技术。这是因为内家拳的精髓就是发内力,会发内力的拳术就是内家拳。

(4) 体形不同:练外家拳的拳手大多肌肉发达,棱角分明,特别是有些拳手挺胸收腹时,八块腹肌如同搓板,煞是健美。但是,看看内家拳手,有溜肩膀的,也有含胸的,即使是身材最好的,也有两个明显特征,一是放松时胳膊上的肌肉不带棱角,好像有一层水膘,这是经常放松局部肌肉所致,二是不管多瘦的内家拳手,腹部总是前凸,不易看到腹肌,这是经常气沉丹田所致。当一拳打在外家拳手的肚子上时,会感到如同打在一块钢板上,震得手生痛。而当你打击内家拳手的肚子时,却如同打在皮球上,会将你弹飞。此外,外家拳的外形多见棱角,如同楷书;而内家拳行拳如同行云流水,似行书或草书。外家拳对身形的要求多为挺胸塌腰,刚猛迅捷;内家拳则崇尚含胸拔腰,柔和缠绵。

其实,在武术流派中有很多都难以按内家拳和外家拳来划分。不管是内家拳也好,外家拳也好,或者是可列为内家拳的心意拳、形意拳、八卦拳、太极拳、绵拳、通臂拳等,同为外家拳的华拳、查拳、红拳、南拳、金刚拳、罗汉拳、螳螂拳等全都是形式的不同,训练的方法不同罢了。武术界中虽有门派、拳术流派之分,但其练功的作用和技击的目的都是一致的。若按内家拳和外家拳来划分和判断拳术、功夫的高低则是一个伪命题。

五、传统拳术的风格与特点

拳术,即徒手的武术,是中国武术中徒手技法的总称,简称拳。古时,有技击、手搏、使拳、拳法、白打等称谓。虽同为拳术,但在长期社会实践中,受不同因素的影响,形成了许多拳种流派,其运动风格和特点各异。如长拳姿势舒展,动作快速;太极拳舒展柔和,轻灵圆活;八卦掌势势连绵,身灵步活;形意拳动作简练,发力较刚;南拳步稳势烈,刚劲有力;通背拳放长击远,发力顺达;劈挂拳大开密合,长击冷抽;象形拳模拟各种动物的特长和形态,以及表现某些古代人物的搏斗形象和生活形象。象形拳又分象形、取意两种。取意是以动物的搏击特长来充实技击动作的内容。

虽然不同拳种特点不同,但套路都是由手型、步型、手法、步法、腿法以及数量不等的跳跃、平衡、跌扑、滚翻等动作与技术组成。练习拳术,要求动作规范,手、眼、身、步配合协调,还须与意识、呼吸紧密结合,达到内外合一、形神兼备。拳术的锻炼,不仅使人掌握攻防格斗技术,还能提高人体各系统机能和身体素质,并为进一步学习武术器械项目打下良好的基础。

(一) 动作舒展大方的查拳和华拳

1. 查拳

查拳是中华武术的优秀拳种之一,它以站桩开始、弹腿入门、套路求法、散打求真,循序渐进。查拳提倡"习艺尚德,学拳明理,艺德并举"。查拳独特的风格、潇洒的姿态,深受习武者的青睐。

查拳于清代康熙年间在黄河流域盛传。经过历代拳师的辛勤传播与发展、演变,在清代乾隆年间,在山东的冠县、任城(今济宁市)逐渐形成了3个不同的技术流派。

查拳经过几百年的历史繁衍,逐渐形成了集查、滑、炮、洪、腿(弹腿)于一体的体系。其技术系统完整、内容丰富、功法全面、艺理俱精。

查拳重视腿法练习,内容丰富,如低踢、平踢、低踩、斜踩、蹬腿、闯腿、扫腿、缠腿、双飞腿、旋风腿、鹞子脚等,都适当分布在每一趟拳路中,错综而紧密地配合在必要的动作中。综合其腿法，可归结为15个字——踩、弹、踢、踹、蹬、泼、扫、勾、挂、排、缠、点、撩、截、拐。

查拳的基本功套路由以腿法见长的"弹腿"，以"仆步穿掌"为主要动作的"滑步抄"，以拳法为主的"捣捶"组成。这些基本动作简单易学，左右对称，既可单练，又可串联对练。

弹腿是查拳的主要基本功，它以弹腿和其他腿法为主要内容。其极具代表性的有二十八路弹腿，目前流行的前十路、后十八路相对比较复杂。

2. 华拳

华拳，据说是由唐代开元年间华山的蔡茂所创。至明嘉靖年间，华山蔡氏后裔山东济宁人蔡挽之，以"三华（精、气、神）贯一"的古代哲理作为拳法的理论基础，写成了《华拳秘谱》，使华拳形成了一个完整的拳种。中华人民共和国成立后，华拳被列为中国武术表演和比赛项目，并曾先后整理出版《一路华拳》《二路华拳》《三路华拳》《四路华拳》4本书。

华拳的运动特点是动迅静定、势正招圆、形健劲遒、气脉连绵、心动形随、意发神传、形体工整、筋骨道劲、阴阳分清、势势连贯等。动作势式讲究运用"撑、拔、张、展、钩、扣、翘、相、蹦、顶、塌、收、沉"等"骨法"，即"五体"（躯干、上肢、下肢）要骨梗强壮、雄健浑厚。拳法"动如奔獭，静如潜鱼"、"进如风雨，退若山岳"、动迅静定、有节有序。其法有"提、托、聚、沉"4种。在一般情况下，由低动作进入高动作或做腾空跳跃动作时，运用"提"法；在高式或低式的静止性动作出现时，运用"托"法；在刚脆、短促有力的动作出现时，运用"聚"法；由高动作进入低动作时，运用"沉"法。

华拳技法理论为"八法"和"十二形"，八法是"拳如流星，眼似电，腰如蛇形，步赛沾，精要充沛，气要沉，力要顺达，功宜纯"；十二形是"动如涛，静如岳，起如猿，落如鹤，站如松，转如轮，折如弓，轻如叶，重如铁，缓如鹿，快如风，定如石"。

（二）以内家闻名的形意拳、八卦掌和太极拳

1. 形意拳

形意拳，又称行意拳。创立之初叫心意拳或心意六合拳，所谓"六合"，即心与意合，意与气合，气与力合，肩与胯合，肘与膝合，手与足合。与武当、太极、八卦并称为内家四大拳派。但是，形意拳的风格却是硬打硬进，如电闪雷鸣，在内家拳中独树一帜。

形意拳虽然起源说法不一，但广泛认可的最初创始人出现于明末清初，为山西蒲州人姬际可所创。他早年曾到嵩山少林寺学艺10年，颇得少林秘传，尤精枪术。当时正值天下大乱，姬际可考虑到处于乱世可执枪护身，倘若处于太平之世，不带兵刃，一旦遇到不测，将如何自卫？于是他变枪为拳，取"以意为始，以形为终"之意，创编出迅猛雄悍的形意拳。

后来，形意逐渐衍化成三大流派，内容也不断丰富。第一是山西派，代表人物是山西祁县人戴龙邦。第二是河北派，代表人物是李洛能。第三是河南派，代表人物是戴龙邦的师兄弟马学礼。马学礼是洛阳人，回民，所传多为河南回民，因此形成河南一派。民国初年，河北、河南两派形意先后南传至四川、安徽、上海等地，随后又远传海外。形意拳系的最终形成应是在清末。

形意拳也属于象形拳，它的主要套路多是模仿一些动物的捕食及自卫动作，即所谓"象形而取意"，如龙、虎、猴、马、鼍、鸡、鹞、燕、蛇、骀、鹰、熊等。山西、河北两派多用梢节（拳掌），河南派更注意发挥中节、根节的作用，多以肘膝和肩胯击敌。

形意拳雄浑质朴，动作简练实用，整齐划一，讲究短打近用，快攻直取。形意拳的基本套路，如五行拳、十二形等，多是单练式，一个动作左右互换，来回走趟。日积月累，年复一年，一个动作可重复演练达数万次之多。一旦遇敌，在速度、力量、准确性方面均可达到惊人的进步。

在技击原则上，形意拳主张先发制人，主动进攻，抢占中门，硬打硬进。拳谱说："视人如蒿草，打人如走路。""练拳时无人似有人，交手时有人似无人。"在交手时，则要求"遇敌犹如火烧身，硬打硬进无遮拦""拳打三节不见形，如见形影不为能""起如风，落如箭，打倒还嫌慢"。形意拳要求在最短时间内解决战斗。"不招不架，只是一下。"意思是敌人打来，我根本不必招架，只需致命一击，便可取胜。

形意拳也属于道家拳派，讲究内功训练，在应敌时要求以意念调动体内的最大潜能，以意行气，以气催力，在触敌前的一瞬间发劲，而且要求肘部不得伸直，这缩短了出拳距离，使得形意拳具有较强的穿透力，往往可对敌人的内脏造成伤害。所以，形意好手们在一般情况下，绝不轻易出手，也不敢轻易出手。

20世纪20年代，王芗斋（郭云深弟子）在形意拳的基础上舍形而取意，创立了意拳（曾名"大成拳"）。意拳的出现标志着中国武术的一次革命。王芗斋大胆舍弃了武术的所有传统套路和固定招法，将站桩功提高到首要位置。意拳没有套路，没有招式，只讲究随机应变，应感而发。

形意拳动作简约，切于实战，顺应了武术发展的潮流，所以传播很快。此外，该拳系的历代传人较少为保守性，并致力于理论研究。它与太极拳系一样，都以其潜在的文化优势而显示出旺盛的生命力。

2. 八卦掌

八卦掌全称"游身八卦连环掌"，一般把它归为内家拳的一种。八卦掌源于清朝咸丰年间的武术家董海川。董海川由于其围圆而习练，开始称其为转掌，后来门人称作八卦转掌，最后定名为八卦掌。八卦掌主要有两个流派，一个是以程廷华的龙爪掌为代表的程派，另一个是以尹福的牛舌掌为代表的尹派，其他流派基本都和这两个流派有关。

八卦掌是一种以掌法变换和行步走转（走圈）为主的拳术。也就是以自己的一个臂长的距离为半径画一个圆，然后沿着这个圆走圈。它将武功与导引吐纳融为一体，内外兼修，不仅可以强身健体，而且能够锻炼攻防搏击的技能。传统八卦掌经许多名师的不断研究，以八卦为理论基础，一圈八步八个掌势，以单换掌为基本掌势，套路非常灵活，并不固定，习练者不同，套路也不相同。但是现在许多演练的八卦掌已不完全按照这个传统了。

八卦掌注重身法的灵活性，要求习练者在不断走圈中，改变敌我之间的距离及方向，避正击斜，伺机进攻。出手讲究随机应变，发挥掌比拳、勾灵活多变的特性。其手法有推、托、盖、劈、撞、搬、截、拿等。

八卦掌的器械主要有春秋刀、战身枪、连环剑、连环纯阳剑、连环蟠龙棍、五行棒、昆仑铲、八卦刀。

八卦掌的运动特点是一走、二视、三坐、四翻。这些特点为发展身手的敏捷、灵活，特别是为下肢的力量提供了必要的锻炼条件。八卦掌以"行桩""蹚泥步"内功功法为入门基础，以拧、翻、走、转为基本运动形式，以掌法的变化为主要技击手段。内外兼修，强调身心合练，身捷步灵如龙游空，拧翻走转，掌法幻变无穷；出手成招，刚柔相济，踢打摔拿融为一体；拧裹钻翻，避正打斜，围圆打点，循循相生，无有穷尽。

八卦掌技法以实战为主，同时在强身健体、祛病延年上有独特的功效。

3. 太极拳

在中国武术中，最能体现中国人性格气质的，莫过于太极拳了。太极拳合技击与养生为一体，是一种意气运动。它要求以心行气、以气运身、意动形动、意到气到、气到劲到、劲由内换、柔中有刚、刚柔相济。在技击时，太极拳讲究以静制动，以柔克刚，以小力打大力，从不以拙力取胜。太极拳由一系列螺旋缠绕动作组成，每个动作都呈圆形。从外观上看，太极拳全部是划圆的动作，与其他拳派迥异其趣。

在行拳时，它要求以腰为轴，节节贯穿，以内气催动外形，示柔缓于外，寓刚疾于内，沾手即发，以此体现出避实击虚、蓄而后发、引进落空、松活弹抖的独特技击风格。

在技击原则上，太极拳坚持重在防御，以守为攻，以退为进，即所谓"不敢为主而为客，不敢进寸而退尺"。太极拳高手一般不主动进攻，而是防范周严，后发制人。他们多是等待对方进攻，一搭上手，即粘住不放，舍己从人，顺对方进击的方向，以弧形动作化开对方的劲力，借力打力，发挥"四两拨千斤"的特长。太极拳利用离心力原理，以腰脊为中轴，自己一切动作皆为内圈，而始终置敌于外圈。这样，即便内圈的动作慢些，仍可胜过外圈的"快"，易使对方失去重心。行拳者在舒缓潇洒的旋转之中，随时可以骤然发劲。太极拳的发力多是弹抖之劲，称为"寸劲"，即在极短距离内，于刹那之间爆发出来的一种合力，其劲甚短，其发极速，其力冷脆，具有较大的威力。不少人以为太极拳动作迟缓，无法用于技击，其实是一种误解。

太极拳讲究以弱胜强、以慢胜快、以少胜多、以巧胜拙，最忌以拙力死拼滥打、硬顶硬抗。它是一种蕴含着深奥哲理，充满了智慧的拳种，集中体现了中国人的处世之道和中国人对人生、宇宙的悟解，可谓中国传统文化的一种特殊表现形态。

关于太极拳的起源，武术界一直存在着争议，长期困扰着太极拳界。太极拳一词，最早见于署名王宗岳的《太极拳论》。近代太极拳则源于河南温县陈家沟，为陈王廷所创。陈王廷为明末清初人，原学家传武功。清军入关以后，陈王廷曾在登封玉带山参加反清武装斗争，事败后回归故里，隐居30年，潜心研究武学，终于创编出独具一格的太极拳。

陈王廷之后，太极拳一直在陈氏族人中传授，人称"陈氏太极拳"。直到晚清时期，太极拳才开始外传，以北京为中心，衍化出杨、武、吴、孙四大流派。

杨氏太极拳始于杨福魁（露禅）。杨福魁是河北永年人，早年家贫，被温县陈家沟某陈姓大户购为童仆，得以到陈家沟，遇陈氏第十四代传人陈长兴，学艺10余年，技艺大成。杨福魁后来在北京屡挫名手，人称"杨无敌"，被推荐到王府授拳。当时，在王府学拳的多是王公贵族子弟，体质娇嫩，杨福魁便将陈氏太极拳中一些难度较大的动作作了修改，使之不纵不跳，趋于简单柔和，又经福魁三子健侯、健侯之子兆清（字澄甫）的修改，成了目前流行很广的杨氏太极拳。

武氏太极拳始于武禹襄。武禹襄也是河北永年人，出身于书香门第。杨福魁从陈家沟艺成回永年后，武禹襄从他学拳。不久，武禹襄又慕名到温县赵堡镇，拜陈氏第十五代传人陈青萍为师，学习陈氏小架（即"赵堡架"）。其后，武禹襄把杨氏大架和陈氏小架结合起来，形成了武氏太极拳。

吴氏太极拳始于吴鉴泉。吴鉴泉是北京人，满族，后改汉姓为吴。他的父亲全佑曾先后从杨福魁、杨班侯父子学拳，吴鉴泉得其父传。后来，吴鉴泉在杨氏父子拳架的基础上，又加以改进修润，使之更趋于柔和，于是形成了吴氏太极拳。

孙氏太极拳始于孙禄堂。孙禄堂是河北完县人，早年为形意、八卦名家，在北京有"活猴"之称。孙禄堂在50岁那年，拜武禹襄的再传弟子郝为真为师，融形意、八卦、太极为一体，创编了架高步活、开合鼓荡的孙氏太极拳。

到了民国初年，由陈氏太极拳衍化而出的杨、武、吴、孙各成一派，形成五花竞放之势，大名鼎鼎的太极拳系才算真正形成。它是中国诸大拳系中形成最晚的一个，但也正因如此，它又成为中国诸拳系中最富活力的一支。

从陈王廷开始，陈氏族人一直是耕读传家，保持着文武兼修的优良传统，不仅历代多有技击高手，而且出现了杰出的技击理论家。陈氏太极拳的这一传统也影响了其他四支太极拳。所以，目前为止，在中国的诸大拳系中，太极拳始终具有文化层次上的明显优势。研究太极拳的著作，不仅数量最多，而且有理论深度，在功法和技击方面较少保守。再加上太极拳融技击与养生为一体，老少咸宜，所以能在短短几十年间，由北而南，成为发展势头最快的一个拳系。

如今中国太极拳已风靡世界，不仅在300年内成为中国参与人数最多的健身项目，也在近一个世纪的时间里传播到五大洲150多个国家和地区。据统计，约有700万美国人在练习太极拳，全球有上亿人在练习太极拳，而他们当中大多数都不是为了防身，而是为了健康。西方医疗调研机构也证实了数千万人几个世纪以来锻炼太极的效果，锻炼太极可以改善身体状况、减少压力、延缓衰老。由于太极有助于身体和思维重获年轻和活力，所以被称为"长生不老术"，时代杂志曾称其为"完美运动"。

（三）双臂灵活如猿的通臂拳与劈挂拳

通臂拳，也称通背拳，是一种典型的长击类拳术。一些拳家以此系拳法多上肢动作，两臂宛如通臂猿（长臂猿）舒使猿臂，圆抢摔拍，直出穿点，而写作"通臂拳"。一些拳家以此系拳法强调以"通背"促成"通肩""通臂"，使两臂串通如一，而写作"通背拳"。

传说通臂拳起源于战国，传者姓白，名士口，字衣三。通臂拳是模仿猿猴运臂的动作和特点，结合武术招法创编而成的。明代流传的武术歌诀，就有"柔太极，走八卦，佑神通臂最为高，斗门深锁转英豪"之说。近现代传留的通臂拳主要有"祁家通背拳""白猿通臂拳""劈挂通臂拳"三种。

"祁家通背拳"是由道光时浙江人祁信在河北固安、冀县、涿县一带传出的。弟子中以其子太昌和琢州人陈庆为著。陈传王占春，王传张策等，称为"老祁派"。太昌传许天和，许传修剑痴，称"少祁派"，其拳技体系称为"五行通臂拳"。

"白猿通臂拳"，此系传承者崇白猿为始祖，其渊源不清。清末，山东黄县人"任十"，将此拳传北京某皮货店账房先生石鸿胜。经石氏及其弟子的努力，"白猿通臂拳"逐步盛传于北京牛街回民聚居区。

"劈挂通臂拳"实为劈挂拳，清末因其与通臂拳特点相近，被作为通臂拳系的一支。

目前，劈挂拳和通臂拳揉合而成的一些拳法仍被作为通臂拳看待，传统的劈挂拳则沿自己的体系自行发展。仔细分析通臂拳与劈挂拳两拳系的基本技法，可以发现它们大体是一致的。

此外，还有流传于山西的"关中通臂拳""洪洞通臂拳""两仪通臂拳"，以及流传于天津的"两翼通臂拳"。通臂拳动作的基本身型表现为头顶、项领、前空（虚胸）、后丰（紧背）、凹肚、探肩、长臂、活腕。通臂拳的基本手型包括透骨拳、平拳、尖拳、斩首拳以及八字掌、荷叶掌。基本手法包括中拳、摔掌、拍掌、劈掌、穿掌、掸掌、圈手、撩掌、按掌、扑掌、摩掌等。步型包括前点步、半马步、跪步、丁步、独立步。腿法主要有勾踢、低弹、后撩、侧踹、点腿。运动特点表现为探腰拔背、放长击远、步快劲透、敏捷善变。成套动作流畅、连贯，蹭拍响亮。

练习通臂拳对于发展躯干和上肢的柔韧性，特别是对于提高肩关节灵活度、增加其活动幅度有较好的锻炼效果。

（四）以"北腿"著称天下的戳脚翻子拳

提起"戳脚翻子拳"，对于初习武术者来说似乎还比较生疏。然而，在传统武术界中，无人不对这一中华古老拳种十分推崇。戳脚翻子拳相传"创于宋、成于明、盛于清"，至今已有千年历史了。宋时道长邓良依珠算九归口诀创九枝子，并将其传与周侗，再传与岳飞。至明朝时被温氏武术家发扬光大，形成包容多种技法、功法的较完整的拳术体系。多年来，民间武术盛传宋时创出武术的十大门户：洪、留、枝、挎、磨、弹、查、炮、花、龙。其中的"枝"便是枝子门，或称九枝子，是戳脚翻子拳的旧称，寓意为"枝以生叶"，故称"枝子门"。在清朝后期"北拳三大支——直隶戳、山东弹、山西形意龙为先"的说法中便以戳脚为最，是"南拳北腿"中"北腿"的代表。

在《水浒传》描写的好汉中，武松醉打蒋门神用的"玉环步""鸳鸯腿"正是戳脚的典型技法，可见在作者施耐庵著书的年代前已盛行戳脚。国内首部功夫片《少林寺》中，李连杰所演练的拳术套路就是戳脚。功夫片《武林志》中，何大海所演练的拳术也是戳脚。谈及这些，对武术门内门外的人来说也就都不感到陌生了。

戳脚的独特腿法是后踢腿。拳谚云，一见屁股调，便是戳脚到。后踢腿包括九翻鸳鸯腿、后外摆腿、后蹬腿、后撩腿、蹶子腿等。这些腿法在踢出落回时都要求前脚掌重重地戳在地上。戳脚的定势又叫"戳丁"，即重心落在支撑脚上，击发腿以前脚掌着地，两脚似成"丁"字。由于师徒相传必强调"戳"脚，枝子的别名便称为戳脚。

"枝子"还叫"翻子"或"九翻子"。翻子，是指拳术技法讲究变化，有如翻板之机巧。如上翻下、左翻右、前翻后、阴翻阳、肘翻手、手翻足、虚翻实、刚翻柔、一手翻三手、三盘翻九手等。故戳脚翻子拳也常简称为"翻子"。

戳脚翻子拳不是以纯刚为主的少林宗派，也不是以柔克刚的武当一脉，它讲究刚中有柔，快中有慢，虚实相间，抑扬顿挫。它的功理功法讲究内外功结合，讲究"内六合"与"外六合"，即内外相随，内外合一，包含外练与内练两部分内容。

外练，主要指的是基本功和套路。戳脚翻子拳以九趟戳脚为门户拳，下生六趟寸手翻子，又称六趟根。下生六趟梅花落地，即地躺拳。九趟戳脚分左右，生燕青十八翻，俗称十八罗汉拳，再生十八趟底盘拳罗汉影，又称翻子影和"靠沾连"。

内练，是戳脚翻子拳得以在几百年间闻名武林的根基。戳脚翻子拳的内练，并不是单纯的气功。它通过练精生气，气生神，提神助气发于手足身躯，从而提高击打力量。如桩功、呼吸三步功、三心练气法、运掌八法等，都是内练功法。

这些内练功法并不神秘，正是越有用的东西，练起来越简单，收效越明显。

从养生角度讲，戳脚翻子拳先求练三经，乃是水津经、血筋经、气筋经。津液满而不亏，人则精神；血筋足而不虚，人则健壮；气筋充而不伤，人则刚旺。三经充，元气不散，不习武亦可延年益寿。所以戳脚翻子拳诗云："精养灵根气养神，养功养气见天真。丹田养就长命宝，万两黄金莫与人。"这是对戳脚翻子拳内练功用的概括。

戳脚翻子拳是闭门拳种，一动一行一收一放均以"掩"字当头，讲究扣足、扣膝、掩裆、掩肘、掩手、顺肩、合胯，强调出手先护己。

戳脚翻子拳这一古老拳种流传下来许多前辈拳师的理论著述。其中系统的著作是成书于近500年前的《温家教育术》，是一部极为丰富的武学专著。

戳脚翻子拳是传统武术中一门较为全面系统的拳种。在《吴斌楼戳脚翻子全书》中系统地总结了练法技法、功法、理论，从而形成了一个完整的体系，可谓中华传统武术中最具代表性的拳种之一。

（五）刚猛强劲的南拳和八极拳

1. 南拳

南拳是明代以来流行于南方的一大类拳种的总称。南拳据说最初是出于南少林，在明代逐渐形成独立拳系。南拳总的特点是步稳、拳刚、势烈、少跳跃、多短拳、擅剽手，以声、气修力。

南拳种类繁多，如福建的少林桥手、五祖拳、鹤拳、罗汉拳，广西的周家拳、屠龙拳、小策打，浙江的洪家拳、黑虎拳、金刚拳，湖北的洪门拳、鱼门拳、孔门拳，湖南的巫家拳、薛家拳等。

南拳的代表是广东南拳，广东南拳的代表是"五大名家"，他们是洪拳、刘拳、蔡拳、李拳、莫拳。五大名拳多数从福建南少林传来。因和洪门天地会多少有些联系，所以不仅是武术门派，也是极为活跃的江湖派别。

南拳在广东、福建沿海一带形成独有的南方特色，尤其是清代以来，从"反清复明"开始，以"行侠仗义"为宗旨，在武侠传奇小说和影视剧中占有重要的地位。比如福建南少林，传说中是一个反清的大本营，在那里集结了洪门子弟和三山五岳的侠雄豪客。清兵火烧南少林，洪熙官来到广州，隐居在大佛寺，与佛缘和尚共开武馆。又如方世玉，为广东"少林十虎"第二人（第一人为洪熙官），其母苗翠花是"少林五老"中的苗显之女，有"一代女侠"之称。方世玉成为《少林小英雄》《万年青》《方世玉三探武当山》《乾隆游江南》等众多侠文化作品的主人公。晚清南拳又出现了"广东十虎",其中的第三位铁桥三和第五位苏乞儿,也是许多侠文化作品中的主人公。

咏春拳也是南拳的代表之一。此拳初传于福建咏春县,为该县严三娘所创,以地名为拳名,故名"咏春拳"。它是一种集内家拳法和近打于一身的拳术,立足于实战,具有招式多变、运用灵活、出拳弹性、擅发寸劲的特点。

把咏春拳推广到世界各地的,是一代宗师叶问,广东佛山人。他7岁时,便拜师入陈华顺门下,成为陈华顺封门弟子。叶问16岁那年,远离佛山,赴香港求学外文。后在香港发展,求学者纷至沓来,使咏春拳技推广至港九每个角落。李小龙约在1956年,拜入叶问门下。

2. 八极拳

八极拳为传统拳种之一,全称"开门八极拳"。称"开门"者,取其以六种开法(六大开)为技法核心、破开对方门户(防守架子)之意。

北方称武术为把式、八式。八极拳的意义在于勉励门内弟子要将八(把)式练到极高的境界。另外,八极拳的训练讲求头、肩、肘、手、尾、胯、膝、足八个部位的应用。所以八极之名要求本门弟子将这8个部位的功能发挥到极致。八极代表了极远之处,八极拳之名也是要本门弟子将八极拳的劲道练到极远之境。

八极拳历史悠久,经历几代传人刻苦精研,以其独特的风格和练法,别具一格,自成一家,不断被发扬光大,经久不衰,代代涌现出诸多的武术名家,在武术界影响很大。

八极拳发力刚猛,有顶、抱、单、提、胯、缠六种发力方法。八极拳法讲十六大步。除闯、马、弓、虚、盘五种基本步法外,还有闯步、拖拉步、盘提步、跟提步等。腿法有搓提、弹腿、侧蹬、三挣提、蹁踹等。其手型体现云、罗、提、按、刁、扣、缠、粘(粘、黏、连、随、叼、搂、锁、扣)八大手型之运用。

八极拳法之拳械套路主要有八极架、八极拳、六大开、八大招、四郎宽拳、六肘头、太宗拳、太祖拳、华拳、飞虎拳、春秋刀、提柳刀、六合大枪、六合花枪、行者棒、八棍头、纯阳九宫剑等。拳械套路,可单练,亦可对练。

八极拳以六大开、八大招为技术核心,套路有八极小架、八极拳(亦称"八极对接")、六肘头、刚功八极、八极新架、八极双软等。器械以六合大枪、对扎大陆合为主。其劲道讲求崩、撼、突、击、挨、戳、挤、靠,以及撞靠劲、缠捆劲等。特点为动作简捷、长短相兼、发劲迅猛、撞靠捆跌突出、肘法叠用、下盘稳固。

八极对接单练称"八极拳"。全套四趟四十二势。主要拳势有理打顶肘、左右提打、端裆、托窗、转环掌、大缠、小缠、挎塌、跪膝、扑面掌、落步砸等。

八极拳的步型以弓步、马步为主，步法由震脚闯步结合而成。八极拳的腿法要求不宜过高，主要有弹、搓、扫、挂、崩、踢、咬、扇、截、蹬。

八极拳动作刚劲、朴实无华、发力爆猛，大有"晃膀撞天倒，跺脚震九州"之势。因此有"文有太极安天下，武有八极定乾坤"之说。

八极拳属于短打拳法，其动作极为刚猛。在技击手法上讲求寸截寸拿、硬打硬开。真正具有一般所述挨、膀、挤、靠、崩、撼之特点。发力于脚跟，行于腰际，贯于指尖，故爆发力极大，极富技击之特色。

八极拳以头、足为乾坤，肩、膝、肘、胯为四方，手臂前后两相对，丹田抱元在中央为创门之意。以意领气，以气摧力，三盘六点内外合一，气势磅礴，八方发力，通身是眼，浑身是手，动则变，变则化，化则灵，其妙无穷。八极拳非常注重攻防技术的练习。在用法上讲究"挨、膀、挤、靠"，见缝插针，有隙即钻，不招不架，见招打招。

（六）形神百态的象形拳

象形拳是模拟各种动物的特长和形态，以及表现人物搏斗形象和生活形象的拳术，是结合武术动作模仿动物或人的某种动作特征的拳术。主要有猴拳、鹰爪拳、蛇拳、螳螂拳、醉拳、鸭形拳，以及八仙醉酒、鲁智深醉跌、武松脱铐等。象形拳分象形和取意两种，象形是以模仿动物和人物的形态为主，缺少或很少有技击的动作。取意则以取动物的搏击特长为主，以动物的搏击特长来充实技击动作的内容。

中国武术中的象形拳起源甚早，说是拳法鼻祖也不为过，相传上古之时已有"三人操牛尾以舞"为戏，汉魏时又有"五禽之戏"。少林象形拳是从传统承袭而来还是禅门独创，如今已无从考据，但其属少林武功中最早并至今占有重要地位的拳法绝无异议。它体现了禅宗吸收老庄哲学的道法自然的精神，同时也表达出佛教万物一源、生灵同性的观点，这也是少林象形拳能够达到出神入化境界的根本原因。

象形拳，顾名思义，象外物之形而创立的拳法。世间万物大者如雄狮、猛虎，小者如蝼蚁、螳螂，各自具有特殊的生存本领，人虽为万物灵长，然尺有所短，寸有所长。禅家便从嵩山特有的自然环境中，独得万物之灵性，以鸟兽虫鱼之类所长，丰富和完善人自身的生存本领，创造了高境界的少林象形拳。与其他象形拳不同的是，少林象形拳各路拳法深得象物之奥妙，能攻能守，变化多端。

猴拳灵巧而以守为攻，鹤拳轻盈而来去自如，龙拳以气势先发制人，蛇拳以机敏而攻其要害，虎拳威武咄咄逼人，豹拳凶猛锐不可挡，另如鹰拳、鸡拳、狗拳、螳螂拳等，均以形神兼备，惟妙惟肖而著称于世。

少林象形拳最讲究的就是要出神入化。所谓出神，即要达到禅思时的无我境界，像龙为龙，像鹤为鹤，于一攻一守中深刻体验所像之物的生存欲望，唯此才能攻则必胜，守则难克。所谓入化，即讲究外在形似，以形似而求神似，状蛇如蛇，状犬如犬，于一招一式中汲取万物所长以增强自身在恶劣境遇中的适应能力。正是这出神入化的特殊要求，才使少林象形拳得到了武林同道们"非禅家不能达此境界"的赞叹。

六、技术与功夫

中国武术包含的运动形式，不外乎套路武术和搏击武术，无论是套路演练还是搏击对抗，都离不开攻防格斗技术。然而还有一项重要的内容常常被忽略，这就是"功夫"。因为一般传统武术门派在传习程序上，大都先教套路，再传技法，最后传功夫。这种最后才传的功夫往往被称作"私功夫"。由于能够坚持到学习"私功夫"的人数较少，所以，能够得到并掌握"私功夫"的人也是少数。

一般来讲，功夫没有门派的区别，只是各有侧重、大同小异而已。尤其是提高个人素质的筑基功，如桩功、鼎功、卷棒功、沙袋功、举石担、抛石锁、抓坛子、拧筷子、踢木桩、踢石墩等，都差不多，都是为了锻炼指力、腕力、臂力、腰力、腿力、膝力、脚力。拳家谓之"操手脚"，即指这类功夫。

上乘的专门功夫有软功、硬功、内功、外功四种。软功练柔劲阴功。硬功练刚劲阳功。内功主练气，注重身心修养，专练脏腑、神经、感觉，即所谓"精气神"，达到精足、气壮、神明、内脏坚实、经络血脉通畅。外功主练力。习武者通过专门的训练手段和方法练就某一方面的超常实力，如铁砂掌、朱砂掌、铁胳膊、金刚指、鹰爪力、铁头功等，达到具有坚硬的拳、掌、肘、指、肩、臂、脚、腿、膝、胯、背、腹、头、颈等的目的。《少林七十二艺》记载了72种专门功夫，实际上，还远不止这些。

软、硬、内、外四种功夫又归为两类，一为自卫功夫，也就是抗击打功夫，如金钟罩、铁布衫、铁牛功、蛤蟆功。谓之"未学武艺，先学挨打"。二为制人功夫，就是打人的功夫，如一指金刚法、铁臂功、铁砂掌、铁扫帚功等，讲究

"不招不架，只是一下"。

练专门功夫有一定程序，不可蛮干，应在老师指导下练习。比如铁砂掌有多种练法，其中一种是先以布袋装麦粒，置于木凳上，每日早晚两次拍打，由轻而重，由缓而急。后换高粱拍打，再换绿豆拍打，最后换铁砂拍打。拍前拍后均以中药煎汤泡手，用以舒筋活血、消肿止痛，百日可用，三百日大成。功成后，双手粉白细腻，击人刚硬如铁。如果没有老师指点，没有药方泡手，不仅练不成功夫，反而会受到伤害。

有了"功夫"是不是就可以忽视技击方法呢？不是。从武术技击作用来讲，技法和功夫是绝对不可分割的。因为技法讲究的是"用巧"，如果技法不精，交手时难以用巧，就要受制于人。反之，只重技法，忽视练功夫，以为掌握了二、三手惯用技法，便可以纵横天下，自然免不了碰壁的命运。技法再有利于搏击，终究不能代替"功夫"。古人讲"欲学武艺，首贵实用，拳脚器械之外，不可不练二、三手功夫"。否则，拳术打得再精熟好看，器械练得再灵活利落，却不合实用，终是花拳绣腿、花枪花棒，到老终是空学一场。所以，拳谚说"打拳不练功，到老一场空"。"功夫"虽然是练就的超人实力，但光靠功夫也是不行的。仅凭一两手功夫，只能横冲直撞、蛮打蛮揪，难以持久。遇到行家，借力打力，以巧破拙，可能败得更惨。所以技法与功夫相辅相成，才是克敌制胜的根本。

武术功法中还有轻功，练的是"提纵跳跃，飞檐走壁"。在过去很长一段时间里都见不到轻功演练，以致使人怀疑轻功是不是还存在。近年来，电视节目报道了武当山道士演练的轻功，的确，习练者能够轻松地飞奔上四五米高的城墙。说明这种功法的确是存在的，只不过练成的人极少。

武术功法里还有一类是健身功。健身功完全注重锻炼人的体魄，功法不神秘，简单易学，适合向大众普及。古来有之的五禽戏、六字诀、易筋经、八段锦，乃至近年风靡的养生桩、大雁功、慢步行功等都属于这种健身功范畴。

很多成名的武术家都具有惊人的专门功夫，由他们的外号便可看出，如铁胳膊纪德、铁巴掌吴会清、铁腿魏赞魁、铁脚佛尚云祥、飞腿沙亮、闪电手张兆东、神拳宋老迈、铁罗汉妙月和广东四铁的铁海龙、铁金蛟、铁骨仔、铁头仔等。

需要强调的是，所有的功法都应当在老师的指导下练习。尤其是一些与调息、运气、导引、吐纳有关的功法，不能自己随意去练，避免出现偏差。另外，有些所谓的功夫会在道具中造假，比如事先用醋浸泡红砖，使红砖酥脆，再演掌碎红砖，那是"江湖卖艺"，不是武术功夫。

第四章 武侠与文化艺术

一、武术与文学艺术

武术在千百年的发展中,不断向文学艺术领域渗透,也不断受到文学艺术的影响,以致出现以武人、武林、武侠为故事内容、故事主角的多种文学艺术作品,如武侠小说、故事、鼓曲、评书、戏剧、电影、电视剧等,统称武侠文艺。

那么,我们应当怎么看待武侠文艺作品呢?

(一)武侠故事的实与虚

武侠文艺描写的是发生在武林中的故事,是发生在武人身上的故事。有实写有虚构,从内容上看,大致可分这么几类。

第一类是写清官加侠客。典型作品是清代石玉昆创作的古典长篇侠义公案小说《三侠五义》。它把故事背景安排在宋朝,描写以历史上的大清官包拯为中心,总领南侠、北侠、双侠以及"五义"等大小侠客为民除害、为国锄奸的故事。这部小说堪称中国武侠小说的开山鼻祖。《三侠五义》的版本众多、流传极广,书中脍炙人口的故事对中国近代评书曲艺、武侠小说乃至文学艺术的内容都产生了比较深远的影响。

第二类是描写侠客与盗匪、镖师与绿林、帮会门派之间、官府皇室内部的纷争。如金庸的《笑傲江湖》,描写的是拳种门派之间的争斗。《倚天屠龙记》描写的是拳种门派与江湖帮派之间的争斗,夹杂着元朝王室内部的矛盾。

第三类注重史实和传说的结合。故事在真人真事的基础上加以发挥。如平江不肖生写的《侠义英雄传》,记述的是霍元甲、大刀王五的事迹,辅以太极宗师杨露禅、吴鉴泉等人的传说和近代武林的掌故传闻。即使情节虚实参半,但主线基本有依据。近年的武打影视片《黄飞鸿》《叶问》《李小龙传奇》等,也都属于此类。

第四类则是完全脱离现实,以具有怪异法术的剑客为主要人物。剑客们虽然也具有行侠仗义、打抱不平的侠义行为,但故事情节天马行空,超人本领具有超现实的浪漫主义色彩。《仙剑奇侠传》应属此类。这类作品故事虽然天马行空，主题仍是正义战胜邪恶，故此也极受欢迎。

（二）武术功法的假与真

武侠文艺少不了描写武术功法、武术技术、武打场面，而且会浓墨重彩，着笔细腻，绘声绘色，活灵活现。

早期武侠文艺关于武术的描写多较为实际。一拳一脚一击一刺，基本符合武术动作规范，使用武术术语也较为准确。至于飞檐走壁、旱地拔葱一类的轻功，瞬间致人丧失能力的点穴，使用飞爪的飞腾术，虽有夸张成分，但大体还有事实依据。像《三侠剑》描写的"燕青十八翻""醉八仙"的功夫，就是武术技术动作的描述。《儿女英雄传》关于十三妹与黑风僧格斗的描写更为精彩："只这拿桩的这个当儿，那女子就把身子一扭，甩开左脚，一回身，噔的一声，正踢在那和尚的右肋上。和尚'哼'了一声，才待还手，那女子收回左脚，却脚跟向地上一碾，抡起右腿，甩了一个'旋风脚'，向那和尚左太阳穴上就是一脚，和尚站立不住，咕咚向后便倒。这一招叫作'连环进步鸳鸯拐'。"这段描写可以说是"连环进步鸳鸯拐"的再现。倘若作者没有亲眼见过"连环进步鸳鸯拐"的练法和使用，是不可能描写得如此逼真的。

在梁羽生、金庸、古龙等现代武侠作家的笔下，武术被赋予了人格、性情、感情，体现出禅思、道学、儒家理念。就像"降龙十八掌"的刚正，"九阴白骨爪"的阴毒，"打狗棍"的俗趣，"玉箫剑法"的诗与乐，"黯然销魂掌"的情与思，"独孤九剑"的孤与傲，"乾坤大挪移"的矛盾与辩证。武功之中有情在、有义在、有理在。尤其是每种武功都有相应的拳经拳谱作为理论指导，有着极强的哲学味道。作者对拳理阐述得头头是道，让人感觉它就是一种极有根基渊源流长的功法，尽管是杜撰，却不由人不信。这种描写把单纯的武术提高到武学、武道的高度，体现了现代习武人的一种追求，也启发了现代武人研究武术的方法和方向。虽是"虚构"但有实际意义在。读者们对文人杜撰出来的拳法功法却不能当真，更不能按照小说中提供的练法自行学练，那是小说家的想象，并非练家的实践经验心得。

（三）正确看待武侠文艺

武侠文艺作品与现实中的武林、武术人的关系绝不仅仅是读者与作品的关系，而是相互影响、共存共荣的关系。

武侠文艺作品是武术文化原生态的反映。作品中描写的江湖世界、江湖道义、江湖义气、江湖行当、江湖拜盟、暗语黑话、江湖绰号、门派门户乃至江湖恩怨、复仇报恩，都是旧武林的现实存在。丰富多彩的武林传说，形形色色的武林人物，各具特色的拳种门派，纷繁复杂的招法功夫，稀奇古怪的武器兵刃，也几乎都是历史与现实的写照。武术、武林是武侠文艺创作取之不尽的源泉，也是武侠文艺赖以生存的基础。但武侠文艺作品尤其是新派武侠小说在故事情节安排、典型人物塑造等方面确是脱离社会现实的，它所表现的江湖是一个虚拟的世界，是与现实社会完全不同的世界。它所塑造的人物也是虚拟世界的人物，在现实中是找不到的。如果现实中真有如武侠文艺作品描写的江湖和侠客，这个社会恐怕早就不宜居住了。如果文艺作品中的侠客们真的生活在吃喝拉撒睡、柴米油盐茶的现实中，侠客们的豪情万丈也早就没有光辉了。所以，大数学家华罗庚先生说武侠小说是"成年人的童话"。①

　　武侠文艺作品对读者有着双面的影响。武侠文艺作品歌颂了武侠见义勇为、重义轻生的精神，歌颂了武侠以爱国拯民为己任的社会责任感，歌颂了武侠对真善美的追求对假恶丑的鞭挞，树立了十三妹、欧阳春、徐良、萧峰、郭靖、张无忌、令狐冲、杨过等一批英雄偶像，对广大读者树立正确的是非观念，培养见义勇为的精神品格产生了积极影响，这无疑是武侠文艺值得肯定的一面。

　　然而，由于"江湖"是武侠文艺离不开的话题，描写江湖免不了混杂进文化糟粕。过度渲染江湖义气，快意恩仇，奇异武功，率性而为，拉帮结伙，以及个人英雄主义，对缺乏辨别是非能力的青少年来说，难免产生负面影响。中华人民共和国成立初期，就发生过多起中学生离家出走去峨眉山寻仙访道，模仿武侠结拜成团伙互相打斗闹事，讲义气包庇流氓坏人的事件。以致一时间武侠小说成了禁书。这便是武侠文艺的负面影响。

　　武侠文艺的另一个影响是常被读者当作教科书。他们模仿作品中的情节、方法、行为，将作品中的人物作为门派、帮会的供奉偶像，将作品中描绘的礼节、礼数、礼仪作为仿效的范例，甚至将作品描述的武功当作真实的功夫去演练，去学习实践，而不加分辨。这是广大读者尤其是青少年读者应该警惕的。

　　然而，武侠文艺对于扩大中华武术在国际上的影响是功不可没的。如今，世

---

① 1979年5月华罗庚在英国伯明翰开会，巧遇正在当地旅游的香港武侠作家梁羽生，华罗庚非常喜欢读武侠小说，见到梁十分兴奋，他对梁羽生说："我刚刚拜读完你的一本大作，《云海玉弓缘》结局很有特点，有文学价值。"梁羽生谦说武侠小说难登大雅之堂，华罗庚马上非常严肃地说："不是！你不要客气。武侠小说应该属于文学，我看它是成年人的童话！"

界各国都有众多的中华武术爱好者，不能不说与武侠小说、武侠影视的传播有着密切关联。

二、武术与表演艺术紧密结缘

（一）武人从艺不新奇

武术本身除具有搏击和健身功能之外，还具有极强的表演性和观赏性。自武术形成以来，中华民族在使用武术搏击和健身之余，也利用武术的表演性和观赏性进行娱乐。所以传统民间艺术大多含有武术内容。而一些武术家凭借自身武艺去做了专业演员，也不是新鲜事。

当年有一位武术家张占福（1844—1924），人称"张黑"。他做过镖师，又在马戏团学过艺，后来下海做了京剧演员。他是清朝光绪年间武功最佳的武丑演员。他练的武术是蹿高纵远、滚背爬坡的功夫，所练的本事都不带响动。撒腿跑着往墙上一蹿能后背靠墙，两脚离地，是一种叫作"粘糖人"的高超轻功。张黑在舞台上常显露武功，据说唱《大卖艺》的时候他由台帘里跑出来，将身一转，肩背靠在台柱子上两脚悬空，露一手"粘糖人"。在两张半高的桌子上拿大顶，在椅子上翻"云里提"（往脖子上套圆圈，连翻三次，套三次圆圈）。他的动作身轻体快、跌扑翻滚、迅疾异常，人称"鼓上蚤"。武术功夫让他在舞台上独占鳌头。

京剧史上有名的武生泰斗杨小楼（1878—1938）出生在武术世家。他的祖父杨二喜就是位武术高手，长于拳术，善用大刀，人送外号"大刀杨二喜"。当年杨二喜为穷所困，以卖艺为生。他推着独轮小车进京，车上一边是刀枪把子，一边是童年的杨月楼（杨小楼之父），爷俩在天桥市场摆地卖艺，恰被当时名老生张二奎发现。张二奎对杨二喜的武功技艺惊异不止，遂聘为忠恕堂科班的武术教师。后来杨二喜也学了戏，成为老徽班的武旦演员。舞台上耍流星即为杨二喜所创。

杨小楼之子杨月楼（1844—1890），得武术家传。在杨二喜就任忠恕堂武术教师之后，便入科学戏。杨月楼习武生，长靠短打皆能。他演《安天会》的孙悟空，出台能翻108个筋斗，成名后，人送外号"杨猴子"。

杨小楼的技艺更不必说，人称"武生泰斗"。与余叔岩、梅兰芳并称三大贤。他的表演艺术登峰造极，难能可贵的是他还精通六合拳和通臂拳。

而近几十年来，多少武术高手从影触电，既成就了自己的名气，还将中国武术介绍给全世界，推广给全世界。这方面最突出的代表就是李小龙。

李小龙是伟大的武术技击家，世界武功片电影表演家，也是截拳道的创始人。他生于美国旧金山，童年和少年是在香港度过的。他幼时因身体瘦弱，7岁便练习太极拳。李小龙在13岁时跟随名师叶问系统地学习了咏春拳，并在家中设一座木桩，每天对着木桩勤练不辍。此外，他还练过洪拳、白鹤拳、弹腿、少林拳、戳脚等拳种，为后来自创截拳道打下了坚实的基础。他除了勤习中国拳术外，还研究西洋拳的拳法，从中学习拳王的步法、身法、拳法和训练方法。世界上许多显赫的武打明星如美国空手道冠军查克·诺里斯等都争着拜他为师，好莱坞的著名电影明星如詹姆斯·科本和史蒂夫·麦昆都是他的门徒。世界拳王阿里也曾登门拜访，与他交流经验。美国国内各流派的拳师经常聚集在李小龙的武馆切磋武艺，他的"以武会友"的宗旨收到了预期的效果。

20世纪70年代初，一股中国功夫影片的狂潮席卷世界。李小龙这个响亮的名字震撼全球。他先后拍摄了《唐山大兄》《精武门》《猛龙过江》《死亡游戏》和《龙争虎斗》等。由于李小龙在武术和电影等方面有卓越的贡献，他先后在1972年和1973年两度被国际权威武术杂志《黑带》评为世界七大武术家之一。1972年还被香港评为十大明星之一。美国报刊把他誉为"功夫之王"，日本人称他为"武之圣者"。

李小龙正雄心勃勃，准备大展宏图，继续拍完《死亡游戏》的时候，由于药物过敏，1973年7月20日突然在香港逝世，享年未满33岁。李小龙仅仅以四部半影片，就取得了至今令人难以企及的巨大成功。他被誉为"改变世界的男人"，为全世界观众展现了一个超越时代，超越国界和民族，超越剧情和人物的活生生的人类真英雄与大丈夫！

中国功夫片引发了一股中国文化热。因为中国功夫片所传达的文化内涵和武侠精神，正是中国文化当中阳刚的一面。传播海外的中国电影，不仅以中国面孔感动世界，中国功夫震惊世界，还以中国思维影响着世界。

其后，陆续还有刘家良、成龙、李连杰、甄子丹、吴京等功夫明星活跃在世界影视圈，带来了《卧虎藏龙》《十面埋伏》等经典的影视作品。也有闯入好莱坞且多次获奖的武术指导陈虎等。他们都将武术文化通过影视带到世界人民的面前，终使中国武术风靡全世界。

（二）艺人习武有追求

广大的戏曲影视演员在求艺过程中往往也要学习武术，甚至在大红大紫之后，还要从武术中汲取营养。这不单单是武行演员，文戏演员也不乏学武者。

最著名的是京剧泰斗谭鑫培。谭鑫培从小学习武生、老生。19岁时在遵化马兰峪搭入吴闫王的粥班（赶场多、挣钱少），日子过得非常苦。更不幸的是，很快他的嗓子便倒仓（变声）了。嗓子一坏，便不能上台。有镖行的朋友建议他去给大户人家护院。当时谭鑫培还有些犹豫，担心一个唱戏的，干不了护院的差使。可是那位朋友认为他是唱武生的，有武功，护院正合适。因为护院差使不重，还有空闲时间可以练功吊嗓。镖行的朋友介绍他到丰润县姓史的大户人家当护院。

在护院期间曾有"单刀退贼"的传说。相传谭鑫培守夜时发现飞贼潜入史宅，谭鑫培一个跃身上房，大喝"休走"，贼人大惊，掷出飞刀，谭鑫培一手接刀，另一手打出飞蝗石子，贼人着打滚下房去，谭鑫培飞身下房，挺单刀擒住飞贼，从此他有了"单刀小叫天"的绰号。

后来他嗓子恢复了，又回到戏班逐渐成为伶界大王，菊坛领袖，这"单刀小叫天"的雅号仍不时被人提起，传流至今。

享誉世界的京剧表演艺术大师梅兰芳学习武术，并将武术技艺运用到京剧表演中的故事更是广为传颂。梅兰芳六岁学艺，每天天刚蒙蒙亮就由师父领到城墙根去喊嗓子、踢腿。稍长之后，又跟着姑丈秦稚芬学习多种拳术，以及跷功和武把子。秦稚芬应当是梅兰芳第一位武术教师。梅兰芳成名以后，坚持以武术锻炼身体。在抗日战争期间，他蓄须明志息影舞台，每天打两套太极拳。中华人民共和国成立后，他搬到护国寺居住，他的床旁桌几后面倚放着一把分量不轻的钢制宝剑，每天用这把剑练习剑术。《梅兰芳舞台艺术》曾拍摄了他在家中练太极剑的画面，用的就是那把剑。梅兰芳60多岁时，依然能在《霸王别姬》"舞剑"结尾时下腰拧身，足见他的功夫是多么扎实。这是他艺术长青的关键所在。

四大名旦之一的程砚秋先生也是位武术迷，他曾向"醉鬼张三"张长祯学过"三皇功"门的功夫，又向太极名家高紫云学过太极拳及对练方面的武功。

程砚秋嫉恶如仇。1943年在上海演出结束后途径天津返回北京时，他在车上拒绝日伪车警的勒索，日伪车警恼羞成怒，下车时，纠集特务数人于前门火车站，意欲殴打程先生。多亏程先生精通武术，孤身击溃了四五个特务，身体发肤未受丝毫损伤，抽身脱险。此事以后，程先生誓不屈服日伪淫威，遂隐遁西郊青龙桥，务农陇亩，谢绝舞台。

现在的电视剧中不乏武侠、仙侠、奇幻类题材，没有功底的演员单纯依靠威亚或特效，难以展现出动作的飘逸、力量等美感。常常让观众觉得武术动作出戏或不带劲。而有武术功底的演员往往能创作出经典的角色。武术对青年演员在影视剧中的肢体表现力，有非常明显的帮助。

（三）武术在舞台上的艺术展现

无论是做了演员的武人，还是努力汲取武术营养的演员，都将武术元素融汇到表演之中，增强舞台表演的魅力。著名武生表演艺术家盖叫天曾向镖师刘四爷学武术，尤善长短软硬兵器。素有"江南活武松"之誉。在京剧《武松》"飞云浦"一折中，武松抡起手铐与杀手有一段对练，乃是"九节鞭进枪"的套路，紧接着又是一段"梢子棍进棍"，那都是纯粹的武术套路。盖叫天在艺术实践中，创造了"雄鹰展翅"的舞台造型，引起轰动。后来，鹰拳、岩鹰拳的习练者又将这一造型融进自己的套路中。

武术动作的化用或引用，增加了舞台的光彩。京剧有出《翠屏山》，写的是《水浒传》石秀杀嫂的故事。其中有酒楼耍刀一场，扮演石秀的演员要练趟刀，一般要练一趟完整的武术刀法套路。而不同演员会有不同的刀法展示，如练四门刀、七片刀、六合刀多种。海报上必大字注明"带耍××刀"，以此招徕观众。清装戏《东皇庄》也是这样的大武戏。台上刀光剑影，异常刺激惊险。开打基本为武术对练的路数，演来却不失京剧之美。

至于杂技、马戏演员的爬杆、钻桶、钻圈等项目多来自武术轻功门的功夫，鞭技、弹弓、飞刀原本就是武术中的科目，民间舞蹈中的武术扇（功夫扇）、弓舞、剑舞则都是武术套路的演变。博大精深的武术成为表演艺术取之不尽用之不竭的营养库，为艺术创作提供了丰富多彩的素材。武术与文艺实在有着密不可分的关系。

第五章　知行合一始于习武

一、能文能武是全才

俗语讲"能文能武是全才"。这里所说的文，就是指要有文化，这里所说的武，就是指要有强健的体魄。

文武双全是中国古人的人格理想，文人以武学为好，武人以儒侠为尊。古代一般有钱人家的孩子除了要读四书五经、诗词歌赋外，还有专门的武术老师教授传统武术。风气所及，中国历史上出色的武术家往往也是出色的诗人和文学家，而以文学著名的士人往往也是武术"练家子"，或者对武术有浓厚的兴趣。这种文武交融的现象历史上屡见不鲜。

我们都知道，孔子是个大教育家、大文人。你也许认为他是个手无缚鸡之力的文弱书生，其实，恰恰相反。

古书记载，孔子是个千斤大力士，他能举起关城门用的大门栓（翘关）。想想看，关城门用的大门栓是用一整棵树做的，恐怕得有数百斤之重。孔子还擅长射箭，他不喜欢射静止不动的东西，专射移动的东西。他常常参加打猎比赛，由于他箭术高超，每次打猎都因为猎物多而获胜。孔子教学生六门功课，是礼、乐、射、御、书、数。其中射是射箭，御是驾驶战车，都属于当时武术运动的范畴。孔子教育学生要重视勇武，在国家有危难时，应当勇于担当，不怕艰难危险，拿起武器保卫国家。他还精通军事，不但自己能调兵遣将，还向学生传授作战的方法。孔子有七十二个通六艺的学生，称作七十二贤人，其中冉有、樊迟武艺最强。子路、公孙孺也不错。这说明，2000多年前"能文能武"的人最受推崇。

剑的刚柔相济、体文经武甚得历代文人喜爱，诗圣李白也不例外。生活中，李白喜佩剑，"风流少年时，京洛事游遨。腰间延陵剑，玉带明珠袍"，"高冠佩雄剑，长揖韩荆州"，剑成为诗人随身佩带的饰物，突显出李白的桀骜和超群。而且李白好剑术，尝言自己"十五好剑术"，曾经"仗剑去国，辞亲远游"，《新唐书·李白传》中说他"喜纵横术，击剑为任侠"，诗人对剑的熟稔由此可见一斑。

剑赋予了李白一种任侠精神。它表现了诗人豪放的人格以及对自由的向往。李白把剑作为游侠者的标志性符号，并将侠的英雄气质重点凝结在剑上。《侠客行》中："十步杀一人，千里不留行。事了拂衣去，深藏身与名。闲过信陵饮，脱剑膝前横"的"赵客"，豪迈自由，重义轻生，他的侠义精神让李白欣赏，同时诗人自身崇侠尚义、功成身退的豪情亦蕴含其中。

中国古代也不乏能文能武的帝王。宋太祖赵匡胤被称为帝王中"武功第一"，更有"一条棍棒打天下"的美誉。赵匡胤发明的那一套"太祖长拳"和"太祖棒"，是当时武林中最为流行并为后人所传颂的武功。

文韬武略的唐太宗李世民是我国古代杰出的军事家和政治家。他生活在隋末唐初的年代，时势造就了他这位英雄，他这位英雄反过来又成就了时势。唐朝政权建立以后，为统一全国，先后进行了六次大的战役。这六次战役李世民就指挥了四次，全部取得了胜利，为唐王朝立下了赫赫战功。李世民在战斗中注重战前侦察，虽屡次遇险，但每次战斗都能做到知己知彼，善于制造战机，当敌强我弱时，他经常用"坚壁挫锐"的战法拖垮敌人，战斗中身先士卒，亲自率领骑兵突击敌阵，胜利后勇追穷寇，不给敌人喘息之机，因此获得了每次战役的胜利。在统一边疆的战争中，他运筹帷幄，决胜千里，明于知将，选拔良才，取得了战争的胜利。李世民用他卓越的军事才能，为大唐帝国的建立和发展作出了巨大的贡献。

我国历史上很多军事家、知名将领也都是文武双全。如留下《观沧海》《龟虽寿》《短歌行》等诸多经典诗词的曹操；写出"怒发冲冠，凭栏处，潇潇雨歇。抬望眼、仰天长啸，壮怀激烈。三十功名尘与土，八千里路云和月。莫等闲、白了少年头，空悲切。"的宋代著名抗金将领，杰出的民族英雄岳飞；以宋词闻名天下的南宋著名武将辛弃疾；写出《纪效新书》和《练兵实纪》的明朝军事家、抗倭名将戚继光。他们都是能文能武的全才。文能提升武的格局，武能增加文的厚度。

二、习武可强身健体

人的体质是通过锻炼增强的，人的运动素质是通过锻炼提高的。原来只能跑

100米的人，通过锻炼可以跑几千米。原来腰不能弯、腿不能踢的人通过锻炼可以连续演练几个武术套路。原来体质虚弱的人，通过锻炼可以少生疾病。体育运动的作用是任何药物无法代替的。喜好运动、自幼运动、坚持运动、科学运动的人，身体会获得很大的益处。青少年时期不喜欢运动的人，到了中年，身体机能普遍会减退，会百病丛生，衰老会早早到来。

任何运动项目都有益于身体的锻炼和身体素质的提高，而武术运动相比于其他运动项目更有益于身体的全面锻炼。练武术要抻筋、踢腿、站桩、打拳，这是对身体四肢、躯干的锻炼，就是俗话说的"打拳壮筋骨，踢腿活四肢"。练武术还讲究气息的配合，讲究内外的协调，有益于身体内部器官的锻炼，就是常说的"外练筋骨皮，内练一口气"。练武术要精神集中，全神贯注，做到大脑意识和身体动作完美协调，有益于对大脑神经系统的锻炼。

三、习武锻炼意志品质

运动有益于意志品质的培养和锻炼，武术更具优越性。练武过程是个吃苦的过程、是个磨练自己的过程，是个忍耐孤独的过程，是个不断钻研的过程，需要不怕疼、不怕累、不抛弃、不放弃、坚持不懈的毅力。练习基本功，要不断克服疼痛关，"冬练三九、夏练三伏"，常年有恒，坚持不懈；练习套路，要克服枯燥关，刻苦耐劳、砥砺精进、永不自满；练习散打，要克服消极关、逃避关，要练胆气、练血性，有胆有识，永不服输。从每天踢几十腿，到每天踢几百腿；从每次打一套拳，到每次可以连续打几套拳；从每次站桩几分钟，到每次可以站上几十分钟，这个过程就是锻炼意志的过程。锻炼勇敢无畏、坚韧不屈的战斗意志，从而培养出勤奋、刻苦、果敢、顽强、虚心好学、勇于进取的良好习性，面对艰难困苦，就能够一往无前。

武术运动以格斗动作为练习内容，这本身就包含了一种应对假想敌的策略。即便没有对手，你在练习时也要有战胜对手的必胜信念。一旦真的遇到了歹徒坏人，便会有胆有识，展现一种匡扶正义的大无畏精神。

武术在几千年绵延的历史中，一向重礼仪，讲道德，重诺守信，尊师爱友，是非分明，见义勇为，不凌弱逞强，以大义为先，具有深刻广泛的道德内容。武术将激烈的攻防技术和人生道德品质修行结合起来，由术而艺，由艺而入道，是中华武道传统观念的体现，有利于精神文明建设。

四、习武益于跨界学习

武术和生物学、物理学、心理学、医学、美学、哲学等学科的知识都有着密切的联系，就如：了解身体结构才能在练武时避免受伤；掌握了力学就能掌握攻防动作的奥妙；学习了心理学便可以运用到对抗性比赛中；学习了哲学就会加深对拳经拳理的理解。所以，武术绝不是头脑简单四肢发达的运动。

五、习武交流增进友谊

武术具有很高的观赏价值，无论是显现武术功力与技巧的套路竞赛、表演，还是斗智斗勇的对抗性散手比赛，都会给人以美的享受，引人入胜。观众通过观赏，得到启迪教育和乐趣。而运动员在竞赛和表演中见贤思齐，互相切磋、互相学习、取长补短，既丰富增进了自己的技艺，也发展了武术的内容含量和技术含量，还增进了武术界的大团结。

随着武术在世界广泛传播，还可促进与国内外武术爱好者的交流。许多国家武术爱好者喜爱武术套路，也喜爱武术散手，他们通过练武了解和认识中国文化，探求东方的文明。武术通过体育竞技、文化交流等途径，在与世界各国人民友好交往中发挥着越来越大的作用。

六、初练武术的注意事项

练习武术有利于提高柔韧性、灵敏性、耐久力，以及速度、力量、协调性等方面的身体素质。特别是对少年儿童来说，可以培养吃苦耐劳、勇敢顽强、热爱祖国、具有民族自豪感的优良品质。

那么初练武术应当注意什么呢？

（一）明确练武目的

练武术是为了强壮身体，增强体魄，锻炼意志，继承中华优秀的传统文化。锻炼为国为民奋勇当先的血性，而不是为了争强好胜，为了权利去欺负别人、打架斗殴。练武术的人应当更加文明守法，要在以下几点上下功夫。一是要勤学，下得苦功夫，求得真学问；二是要修德，加强道德修养，注重道德实践；三是要明辨是非，善于决断选择；四是要笃实，扎扎实实干事，踏踏实实做人。道不可坐论，德不能空谈。

（二）做到姿势正确

少年儿童身体骨骼还没有发育完全，具有很强的可塑性。如果在训练中养成驼背、弯腰的毛病，不仅影响身体发育，武术动作也难以做得标准，一旦形成习惯，纠正起来非常难。武谚说"学拳容易改拳难"，就是这个意思。习武就要掌握正确的拳架（动作姿势），养成科学合理的动作习惯，并保持于日常生活的行立坐卧之中。

（三）循序渐进

武术的内容很多很杂，要先从基本功练起，从简单的动作练起，逐渐增加难度、强度、数量和时间。等到有了一定基础再深入学习，不能想着"一口吃出个胖子"。

（四）不要蛮干

有人把练武术想得太简单，以为多用力就会出功快。其实不然，动作过急、过猛不仅没有效果，而且会造成关节肌肉撕伤、拉伤。有的人以为练习的时间越长越好，其实也不然，如果每次练习都使身体过于疲劳，那不仅不利于健康，也不利于练好武术。练武术一定要在老师和教练的指导下练习，绝对不要自作主张、蛮干。

实践训练篇

第六章 中华武道的礼仪

礼仪是人们在社会交往中约定俗成的行为规范和准则。具体表现为礼仪、礼节、仪表、仪式。礼仪是人类文明延续的结果，是一个国家、民族、地区和个人道德文化水平发达程度的重要标志，也是一个团体、组织和个人形象的反映。

礼仪是人类为维系社会正常生活而要求人们共同遵守的最起码的道德规范，它是人们在长期共同生活和相互交往中逐渐形成的，并通过风俗、习惯和传统等方式固定下来。对一个人来说，礼仪是一个人的思想道德水平、文化修养、交际能力的外在表现，对一个社会来说，礼仪是一个国家社会文明程度、道德风尚和生活习惯的反映。重视、开展礼仪教育已成为道德实践的一个重要内容。

"不学礼，无以立"。在国家颁布的《公民道德建设实施纲要》20字公民基本道德规范中，"明礼诚信"是第二条。在当今社会中，"礼"是道德规范重要的组成部分，是邦人之本。

众所周知，习武修文之人都十分注重礼仪、礼节。特别是习武之人的行、止、坐、卧都十分讲究，要求保持正确姿式并养成良好的习惯。经过长期训练，习武之人在言谈举止和仪态上都将会显现其特有的气质。

礼仪、礼节、礼貌内容丰富多样，但它有自身的规律性，其基本的礼仪原则一是敬人，二是自律，三是适度，四是真诚。敬人的原则，就是要保持谦和的心态，对他人保持尊重、礼貌待人；自律的原则，就是在交往过程中要克己、慎重，把握好交际的尺度，自我对照，自我反省，自我要求，自我检点，自我约束，不能妄自尊大，口是心非；适度的原则，就是要适度得体，掌握分寸；真诚的原则，则是诚心诚意，以诚待人，不逢场作戏，言行一致。

从个人修养的角度来看，礼仪可以说是一个人内在修养和素质的外在表现。

从交际的角度来看，礼仪可以说是人际交往中适用的一种艺术，一种交际方式或方法；是人际交往中约定俗成的示人以尊重、友好的习惯做法。

礼仪的主要功能，一是有助于提高自身修养；二是有助于美化自身、美化生活；三是有助于促进人们的社会交往，改善人际关系；四是有助于净化社会风气。

对习武之人来说，重视礼仪、尊师重道、扶老携幼、仁义礼智，是习武修身的一种体现。

一、仪态举止

（一）谈话姿势

谈话的姿势往往反映出一个人的性格、修养和文明素质。所以，交谈时，首先双方要互相正视、互相倾听，不能东张西望、看书看手机、面带倦容、哈欠连天。否则，会给人心不在焉、傲慢无理等不礼貌的印象。

（二）站姿

习武人讲"站如松"，站立是人最基本的姿势，是一种静态的美。站立时，身体应与地面垂直，重心放在两个前脚掌上，挺胸、收腹、收颌、抬头、双肩放松。双臂自然下垂或在体前交叉，眼睛平视。（图6-1-1）

站立时不要歪脖、斜腰、曲腿等，在一些正式场合不宜将手插在裤袋里或交叉在胸前抱肘，更不要下意识地做些抖动等小动作，那样不但显得拘谨，给人缺乏自信之感，而且也有失仪态的庄重。

图 6-1-1

第六章　中华武道的礼仪

（三）坐姿

坐，也是一种静态造型。端庄沉稳的坐，会给人文雅、稳重、自然大方的美感。

腰背挺直，肩放松。女性应两膝并拢，男性膝部可适当分开一些，但不要过大，一般不超过肩宽。双手自然放在膝盖上或椅子扶手上。（图6-1-2）

在正式场合，入座时要轻柔和缓，起座要端庄稳重，不可猛起猛坐，弄得桌椅乱响，造成尴尬气氛。不论何种坐姿，上身都要保持端正，如古人所言的"坐如钟"。同样，坐时不要歪脖、斜身、歪躺等，不宜将手插在裤袋里或交叉在胸前抱肘，也不要下意识地做抖腿等小动作，那样不但显得拘谨，还给人以内心焦虑和缺乏自信之感。

图6-1-2

（四）盘腿坐姿

在训练场地观看表演和示范需要席地而坐时，要保持良好正确的姿势。

两腿先交叉站立，然后盘腿坐下；腰部挺直，含胸拔背，抬头收颔；两手掌心朝下，自然抚于两膝之上；目光平视前方，保持一种"坐如钟"的姿态。（图6-1-3）

图6-1-3

（五）走姿

行走是人生活中的主要动作，走姿是一种动态的美。习武之人讲究"行如风"，要求步态轻快自然。正确的走姿应是：轻而稳，胸要挺，头要抬，肩放松，两眼平视，面带微笑，自然摆臂。

（六）行立坐卧见真功

正确良好的行立坐卧姿态不仅是一种礼仪，也是一种肢体表达艺术。习武之人讲究练出功夫。我们都知道一拳一腿是功夫，也知道身体的力量、平衡、敏捷是要下功夫去练习的。但大家往往忽视了功外之功。实际上日常生活的行立坐卧，举手投足中，无一不是真功夫的体现。

习武讲究"站如松、坐如钟、卧如弓、行如风"，也就是日常生活中身形结构随时保持一种桩功的形态。

为什么要"站如松"？怎么不是站如柳，也不是站如槐，也不是站如杨呢？杨树也是高大挺拔的。因为，松树特点是中心主干非常挺拔、中正，枝叶是散开的、蓬松的，整体是内敛的、收住的、撑住的。落叶松就是"站如松"的典型状态。"站如松"充分体现了中国文化里的"中正""中和"理念。"站如松"不仅要求头正，还要求身体保持收住中线，而肩则是要放松的。

再看"坐如钟"，打坐是一个最典型的"坐如钟"的形态。两腿盘腿一坐，这个结构非常稳定，颈部、腰背部都是挺拔的，气血运行、调用都非常好，是一个健康的坐姿。

"卧如弓"，可以看看卧佛，再看看中国的弓，都是有曲线的，非常近似于人体的生理曲线。人卧倒从侧面来看，刚好就是一张弓，所以保持人体的结构特点非常重要。

"行如风"，风就是轻飘飘的，行走就像风吹着帆船的帆一样，飘过去的。但是它的中心线是稳的，是松沉下来的，所以形容行走要像风一样轻快。而不是左晃右晃地走路。有很多练功夫的人，行走就往往都会挂着相。练的时候一回事，但是平常是一定要收住的。这就是"行如风"，要非常潇洒地走出去。这就是人在身体健康比较好的一种状态，这也是人体最基本的规矩。

错误的肢体动作习惯会造成颈椎关节紊乱、脊椎和腰椎疾病，以及由此引发的各种疾病。掌握保持正确的身形基本要领，正是避免和预防各种疾病发生的最好办法和基础保障。此外，有好的行立坐卧习惯才能有良好的仪态举止，体现出武术行者的气质与气节。

二、中华武道常用礼仪

(一) 注目礼

在训练场或道馆类课堂上,学生以站姿听课或观看表演等场合时使用。身体站立,两腿与地面垂直分开与肩同宽,重心放在两个脚掌的掌心上;挺胸、收腹、收颔、抬头、两肩放松。两手自然交叉在体前;目光平视或注视演讲者。(图6-2-1)

图 6-2-1

(二) 鞠躬礼

行鞠躬礼,应两腿立正;双目凝视受礼者,然后上身弯腰前倾。男士两手应贴放于身体两侧裤线处,女士的两手则应下垂搭放在腹前。下弯的幅度越大,所表示的尊敬程度就越大。习武场合约定以前倾幅度为20°左右为宜。(图6-2-2)

主要用于学生向老师、教练的行礼和学生之间的行礼。学生向老师、教练行礼时,老师应当示点头礼还礼。

鞠躬礼在其他场合主要适用于向长者表示敬重、向他人表示感谢、领奖或讲演之后、演员谢幕、举行婚礼或参加追悼会等活动。

鞠躬的次数可视具体情况而定。唯有追悼活动才鞠躬三次,故在喜庆的场合,鞠躬次数不可为三次。

图 6-2-2

(三) 合十礼

合十礼，亦称合掌礼。两腿直立；中身微欠，低头；两掌十指在胸前相对合，五指并拢向上，两掌掌心相对，指尖与掌根相触。（图6-2-3）

行合十礼时，合十的两手举得越高，越体现了对对方的尊重，但原则上不可高于额头。

合十是人类原始时代就形成的神圣手式，俗称"合十为礼"，是人们见面和道别的礼节，也是"和平友好"的象征。两手合十可使人心平气合，可让对方消除戒备和恐惧。

图 6-2-3

(四) 抱拳礼

抱拳礼，是在正式场合以习武人身份面向公众行使的正式礼节。通常在正式比赛、表演、讲话之前后使用。

行礼时要求身体直立，两腿并拢；抬头、挺胸、收腹；两肘撑圆，右手握拳，拳眼朝内，左手为掌，抚抱于右拳之上；目视受礼者。（图6-2-4）

注意神情态度要谦和，下颌不宜抬得太高。

图 6-2-4

(五) 握手礼

握手是见面最常用的礼仪。

握手时身体直立；伸出右手与对方右手握拢；左手可自己扶在身前衣襟下摆处；面含笑意，注视对方两眼。(图6-2-5)

神态要专注、热情、友好而自然。在非训练场合，口中的问候也是必不可少的。与人握手不可以不用力，否则会使对方感到缺乏热忱与朝气；同样也不可以过于用力，否则会有示威、挑衅的意味。不要迟迟不握他人早已伸出的手。与年长者握手，身形可以向前微躬，以示尊敬。

图6-2-5

握手的时间不宜过短，也不宜过长，通常握手的全部时间应在3秒之内。

三、其他通用礼节

(一) 点头礼

点头礼，也就是颔首礼。点头礼的做法是头部向下轻轻一点，同时面带笑容。注意不要反复点头不止，点头的幅度不宜过大。

点头礼适用的范围很广，如路遇熟人或与熟人、朋友在公众场合不宜交谈之处见面，以及遇上多人而又无法一一问候之时，都可以点头致意。

(二) 举手礼

行举手礼的场合，与点头礼的场合大致相似，最适合向距离较远的熟人打招呼。行举手礼的正确做法是右臂向前方伸直，右手掌心向着对方，其他四指自然并齐、拇指自然张开，轻轻向左右摆动一下。不要将手上下摆动，也不要在手部摆动时用背朝向对方。

(三) 拱手礼

拱手礼，即作揖礼，是华人中最流行的见面礼。行礼方式是起身站立，上身挺立，两臂前伸，两手在胸前高举抱拳，自上而下，或者自内而外，有节奏地晃动两三下。

　　拱手礼主要适用于见面、告别以及举行团拜活动，向长辈祝寿，向友人恭贺结婚、生子、晋升、乔迁，向亲朋好友表示无比感谢，以及与海外华人初次见面时表示久仰之意。

　　以上是习武人规定使用和在日常生活中也可使用的礼节，使用之时，应当视对象、时间及场合正确选择使用。

第七章　武术训练中身体各部位的功用

武术训练是对人全身肢体分部分进行协调性训练的过程。因此在进行武术训练之前首先应当了解人体各部位的功能与作用及其合理的协调性原理。这将有助于对训练的理解和对技术的掌握。

一、身体各部位的功用

（一）头与颈

头部在全身之中最为重要。头在拳术中不能单独运动。头与颈要正直，如同渔网的纲绳一般。纲绳一振，便能抖起一切，有条不紊。头与颈正直，全身则丝毫不乱。若头向前倾，则脊背各部必随之前俯。若头向后仰、胸腹各部胸椎腹壁筋等则也随之后倚。若头向左侧屈，躯干骨及右肋各部均会受运动的影响。故而练拳首先应注意头和颈部，切不可轻举妄动，四肢皆受其影响。

（二）肩与背

无论立于任何姿势，两肩都要始终保持平衡，这样身体重心才不会倾斜。同时两肩还要始终松沉，才能使两臂保持敏捷、自然。肩的应用：有肩挤、肩撞、肩靠、肩顶。生活中，劳动和运动所得的功效，如背之能负，肩之能担，射之须平肩，锯工之运用肩背，均能从拳术的练习中而得以体会其作用与效果。

（三）肘

肘居肩腕之中，承上达下，关系重大。若肘部不得法，那么气就不能到手，则运用无力。肘法应用以近距离最为适宜，贵在神速，切不可迟缓，以防对战时被对手拨挑。注意肘不可过高，腋下为对手最易乘虚而入之处。肘的普通用法有盖肘、仰肘、拐肘等。肘型根据其用法主要可分为提肘、拐肘、撞肘等。配合所用步法，以半步为妙。进身时，须用短马步，放时变为半长马。

1. 提肘

以提右肘为例。左肩下垂，右肩上耸并提右肘。反之相同。（图7-1-1）

图7-1-1~
图7-1-3

图 7-1-1

2. 拐肘

自然而立，向左转身转肩拐打右肘，返回式仍以右肘拐打。左势动作相同。（图7-1-2、图7-1-3）

图 7-1-2 　　　图 7-1-3

3. 撞肘

马步；两手抱肘，左脚向右脚后侧插步，紧接着急上右脚；同时撞出右肘。左势相同，原地往返练习。（图7-1-4~图7-1-6）

图7-1-4

图7-1-6

图7-1-5

（四）腕

若要使自身的力能到达对方身上，非要靠腕力不可。力能达于腕，则能用之于手。通常练拳者易患有三停的毛病，即一停于肩，二停于肘，三停于腕。肩不松，力停于肩，则全身之力不能达于两臂。肘不垂，力停于肘，则肩背之力不能达于腕。腕不活，力停于腕，则两臂之力就不能到达于手。所以腕部的灵活性是练拳者必须注意的。腕的应用有五：提腕、按腕、仰腕、垂腕、挤腕。

（五）手

拳术主要部分之一在于手。手有五指，指有三节（大指二节）。并指为掌，屈指为拳，掌根处为腕。其在运用中各有独立之处，不可偏废。因此析言如下：

手型主要分为拳、掌、指和八字手。

1. 拳

拳是指手的五指屈而不伸。紧握五指，团聚其气，以求有力之意。握法多紧屈四指，以大指二节横按食指第二节之上，大指尖约在中指、无名指之间。力握作拳，击打而不散开。

握拳要领：握拳如卷饼。力卷五指，握紧其指，团聚其气，以求拳头有力。

拳头握好后的标准是分之不散,击之不开,方为适宜。

拳各部位名称如下。

(1) 拳眼,食指屈卷与拇指封压的中心。(图7-1-7)

(2) 拳尾,小指屈卷的中心。(图7-1-8)

(3) 拳背,握拳的手背。(图7-1-9)

(4) 拳心,四指屈卷的手心。(图7-1-10)

(5) 拳顶,四指屈卷与拳背间的关节。(图7-1-11)

图7-1-7　　　　　图7-1-8　　　　　图7-1-9

图7-1-10　　　　　图7-1-11

此外,四指屈卷的平面又称作拳面。"拳顶""拳面"往往混用,所以拳有五名之称。

用拳时根据拳法的不同,可以用到拳的不同部位。用拳多数使用拳顶中四指的根关节,发力不同时,运用的指关节也有所不同。

2. 掌

五指张开为掌。五指有相互并拢的,也有分开的,因传授流派不同而异。北派多指紧排,拇指屈贴掌缘;南派则多五指分离。指紧排者称柳叶掌;勾屈者称虎爪掌。(图7-1-12)

图7-1-12

掌的用法有五：上挂、下劈、反拍（用手背）、正拍、按。平时练习时，除劈挂抢拍以外，以双推手为重。要注意，出掌时须肩窝吐力，气贯掌心。

3. 指

因伸指的多少不同，而名称各异。仅握大指、中指、无名指、小指，独伸食指者，称金刚指；并伸中、食二指者，称金剪指；握大、小二指，而伸中三指者，称三阴指，又称顶指；握大指而四指齐出者，称为金铲指。指的运用，不外乎是插法和点法。其中，实战中三阴指和金铲指运用最为常见。（图7-1-13~图7-1-16）

4. 八字手

仅弯曲中指、无名指和小指，撑开拇指与食指使虎口撑圆，拇指与食指间既要保持有合劲，又要有各自的挺力。八字手主要应用于擒拿中的各种拿法。（图7-1-17）

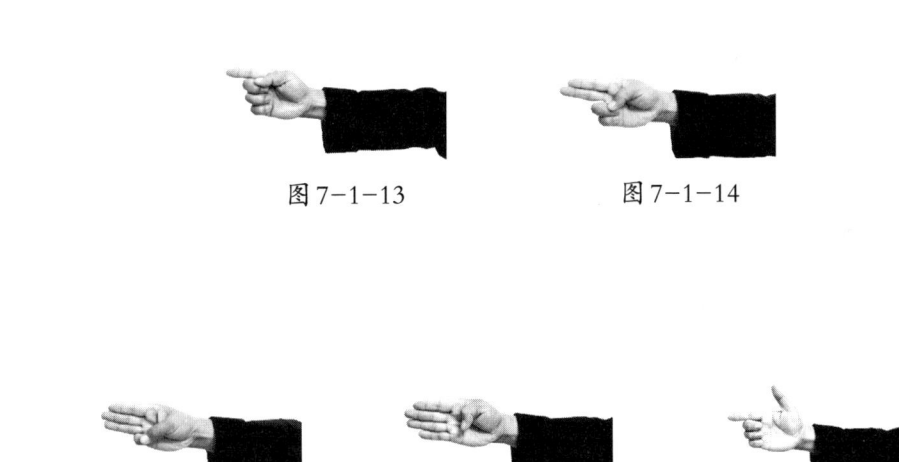

图7-1-13　　　　　图7-1-14

图7-1-15　　　　图7-1-16　　　　图7-1-17

（六）腰与胯

腰是全身的枢纽，也是运动中的关键所在。人们从事各种劳动工作时，无不与腰发生关系。习武者对腰的练习则更是至关重要。胯连于腰，胯不正则腰不活。胯部练习之法，或蹲桩步及常作半仆叉式，则气自能下沉。不仅是在拳术中需要如此，在平时的运动和姿式也应当如此。在拳术应用上，有胯打、腰撞；技术之中，有挨傍靠挤。靠挤以腰胯代之，腰是周身之轴，腰胯不动则周身僵死。人的动作，均以腰胯为主，腰胯迟慢，那么六节（上肢三节和下肢三节）必是僵硬不灵活的。

（七）腿

腿是支撑全身的，能承载一身的重量。要静如山岳，有磐石之安；动如舟楫，无倾侧之患。镇静而不动，平稳而难摇，方为得法。通常没有经过练习的人，气多上浮，必上重而下轻。脚踏无力，稍一动作，就觉得呼吸足颤，脚下无根，所以初学入门时，必须练腿。练腿的方法有二：一是巩固桩步，二是腰胯灵活。凡做姿式动作，均应优美合宜。其练习之法，就是踢腿，也叫溜腿。其种类很多，有：迎面腿、十字腿、摆莲腿、里合腿、跺子腿、蹬子腿、掀腿、寸腿、查腿等。从活腰及各种穿手姿式，到桩步之法，不独增长足力，且可免气血上浮之患。

因拳术以腿灵活为基本功，所以腿的功夫是拳术之中最主要的。

（八）膝

下肢之力，在膝在胫。膝之作用在于使足稳步健，膝是大腿与小腿之间的枢纽，能运腿部之力达于足，故有调节身体重心，使下盘稳固之功效。此外还有截击御敌和攻击之效能。凡桩步，均将所练膝胫之支柱力，送达于足掌，使全身重点稳固，底盘不摇。膝当前弓时，不可逾脚踝和足尖以外，否则易前跌。

（九）足

足，是全身的最底部，可谓全身之根源。手有博转之能，脚有行逗之功，足发身进，脚退身也随之。脚踢手领，手为先锋，脚为主帅。常言手打三分，脚打七分，脚之疾应当更疾于手之疾（脚的速度应该更快于手）。脚除了体现步法的功效，在技击中还将以不同的脚型来配合腿法的运用。

实战中运用各种腿法时，针对不同的目标和部位采用不同的脚型和脚法，其着力点及用法均有所不同。

1. 绷足

舒足腕，足趾向前绷直。（图7-1-18）

2. 勾足

足腕用力往回勾足趾。（图7-1-19）

图7-1-18　　　　图7-1-19

3. 里扣
转足腕，足尖向内侧转动45°。（图7-1-20）
4. 外翻
转足腕，足尖向外侧转动45°。（图7-1-21）

图7-1-20 　　　　图7-1-21

5. 横脚
向内侧扣胯，脚内扣，转腿，脚横出回勾。（图7-1-22）
6. 戳脚（戳丁）
一腿弯曲如弓，另一腿膝下垂25°，足跟上翘，以足前掌戳地。（图7-1-23）

图7-1-22 　　　　图7-1-23

二、身体协调性原理

（一）什么是"三尖相照"

什么是三尖？三尖是指鼻尖（头）、手尖（手）、脚尖（脚），三者之间要遥相呼应。三尖相对、相照是全身协调一致的基本要领。拳尖直出与鼻尖要平、要正，脚尖同样要与鼻尖相对。无论是顺步还是拗步，均应三点成一线，尤其是对初习者而言，首先要把握好这一原则。三尖相照，则身体不会东歪西斜；三尖不照，则牵此带彼，必有摇晃之失；三尖不对，身体前俯则后足无力，身体后仰则必失前而不顾。

　　三尖相照理念的核心，反映了所有拳法中所遵循的中线原理。守中是各门拳家的基本守则，中线正是以三尖为准，偏离一丝一毫，手中尽丢。要真正做到三尖相照，不可忘却三尖要齐的要领，即手尖与脚尖要齐，脚进手随，齐起齐落，拳出脚进，眼（鼻）到手到，三尖俱齐。这里的"齐"，不仅仅是指动作位置，更指时间点和节奏。倘若三尖不齐，此前彼后，此速彼迟，必有牵扯而不达，周身之气则不畅，自身练习不灵活，则攻敌不刚。唯有三尖俱齐而至，虽落点仅其一尖，但是一尖之气在全身，盖势如破竹。

　　以进左脚出右手为例。右手须与左脚尖相对，头照（目送）右手则上下成一线，不偏不斜，势必稳。顺势换手，右手回，左手出，头照（目送）左手。依此，长期习练，定成习惯，必可使周身协调而动。在实际运用之时，还当认真体悟"三尖相照"与"三尖相对"中的"照"与"对"二字的不同含义，久而久之，便不会僵化理解而运用自如了。

　　（二）武术中的"六合"说

　　六合分"外六合"与"内六合"。

　　外六合：背与肩合，肩与肘合，肘与手合，腰与胯合，胯与膝合，膝与脚合。其中背、肩、肘、手在于上，腰、胯、膝、脚在于下。外六合中，不仅是上肢三者相合，下肢三者相合。"六合"之中，上下式均要相对相合。其中，手脚、肘膝、肩胯、背腰均要相对俱齐。

　　手足要齐，肘膝要对，肩胯要正，腰背要活，各部位之间均要遥相照应。手脚若不齐，古云："手去脚不动，打人不能胜；脚踢手不出，打人必负输"。肘膝若不对，身体必有前俯后仰的弊端；肩胯若不正，身体必有左右歪斜的毛病；腰背若不活，周身必僵而无绵软刚柔身法之妙用。

　　凡初习练形者，必须刻刻留意而认真习练。凡胯之一动，腰必转；肩之一垂而背必动；膝之一进而肘必随；足之一趋而手必至。运用的时候，手一伸，背催肩，肩催肘，肘催手；脚一进，腰催胯，胯催膝，膝催脚。上下相连成为一体，这就是六合的要领，处处皆与"三尖相照"的理论相呼应。

　　内六合：脑与心合，心与意合，意与气合，气与力合，力与筋合，筋与血合。

　　"外六合"描述的是人体四肢表体相合的原理和规律，"内六合"则描述的是人体内在的意念，与气血、经脉相协调的原理和规律。

　　仔细说来，人的四肢皆受脑支配，脑一动必达于心，脑心为一，使其聪明，故称合；心一动是为意，心正意决，故须相合。意之所发称为气，气意相关相生，故须相合。气行使之表，见之于力，故须相合。力，借表见筋，故曰合。筋，用表见血，故曰合。这是"内六合"的细解。在一般运用和传授中，为便于理解，便将脑心合一，筋、血之合以力代表了。所以，有"心与意合，意与气合，气与力合"的"内三合"之说。

1. 什么是心与意合

我们把心比作元帅，把意比作号令，把气比作先锋，把力比作将士。心与意的相合，也就体现到"神"上（眼神、精神、神态），所以"心与意合"就是所谓的"神"攻。比如：心里想要攻击，但是意志不坚定；心里想停止，而思想却发生矛盾，心意不能相合，那么心里所想的必然要受到意志的抑制，进攻时出现犹豫状态，后撤时出现抽扯痕迹，都是难以取胜敌人的。因此，必须是心与意合，意与心配，才能使气沉于丹田，神聚集祖窍，然后发放在双目。双目神威集聚凝视对方，目光有威慑震撼之力，才能使对方望而生畏。

2. 什么是意与气合

"意与气合"，讲的就是"以意领气"，气随意行。意念想到哪气就走到哪，意念想攻气就发，意念想止气必收，这就叫以意攻气。

3. 什么是气与力合

"气与力合"，指的是内意、内气、内劲与外意、外气、外力相合的运用，也是武术内三合的体现。内意是意念，外意是迹象，内气是营气，外气是卫气，内劲由脉中的气血产生，外力由脉外的气血产生。内在的意动是外部形体运动的根源，外部形体运动是内在意动的效应。内动必须通过外动来体现，这样才能形成拳术的合道、体用的合一。

练武者，遇事不可胡乱使气，苟舍其气则无须其力了。脑、心、意、气献于外，表现于五官。力、筋、津、血献于内，表现于四肢，筋骨秀出而周身之血流通，气不运自运，不聚自聚，是为内外如一。

4. 什么是手与足合

"手与足合"不仅是要有外形上的相合，更要有劲力上的相合。"外不顺则内不和，步一乱则拳必慢""手到足不到则枉然，足到手不到也枉然"，所以手足四肢，必须从外形上要互相配合一致，劲力上也要相合一致，才能使手足出入变化常相跟，劲气力量不分散，动转灵活而沉稳，保住重心永不丢。否则，手足分离，劲力分散，不但会失掉防守和进攻的主动权，还会有一败涂地的危险。

5. 什么是肘与膝合

"手与足合出巧步，肘与膝合变化灵"，这就是手与足合、肘与膝合所追求的目的。因为人身体的劲气，是从根节发放的，在中节变化，最后体现在梢节上，根节是劲气的发源之渊，中节是劲气的转换之处，梢节是劲气的运达之点，所以说唯有肘和膝这两个中节相合，才能使身体动转灵活、变化敏捷。

6. 什么是肩与胯合

肩是上肢的根节，胯是下肢的根节。左肩与左胯、右肩与右胯的相合和左肩与右胯、右肩与左胯的相合，才能使根连着根，坚如泰山，不使重心偏移，所以说"肩与胯合根基稳"。

拳谚曰：六合不相连，必是学艺浅。

（三）武术中的"三节"

什么是三节呢？三节就是梢节、中节、根节，任何物体，都有末端、中端和根端，从人体来讲，除了整个身体分为三节，肢体等部位也处处分为三节。分为三节，合为一个整体。

以人的整体来说：头为梢节；身躯及上肢或腰为中节，是力量中枢；下肢为根节，进退抽撤。头部：自天庭以上为梢节，鼻部为中节，地阁以下为根节。身躯部：颈项部是梢节，胸心部是中节，脐下丹田部（即小腹部）是根节。躯干：胸是梢节，收放涵容；心是中节，坦荡中正；丹田是根节，凝气含苞。以上肢来说：手是梢节，缠截勾挑；肘是中节，掩拨顶退；肩是根节，阴阳高低。若是单以手来论：则指是梢节，掌心是中节，掌根是根节。以下肢来说：足是梢节，扎根要稳；膝是中节，活如车轮；胯是根节，阴阳应变。以足来论：趾是梢节，足掌心是中节，足踵是根节。总之，人的身体，处处都有三节。

"三节不明，浑身是空""三节不明，明僵即空""三节不明，变换不灵""三节不明，不足以打人"，这些都是历代武术家在实践中总结出来的，是十分重要的经验。

1. 为什么要区分三节

拳经中讲"若无三节之所，即无着意之处。盖上节不明，无依无宗；中节不明，浑身是空；下节不明，动辄跌倾"，这就说明，如果对梢、中、根三节不明白，在练习时对于真意、真气、真劲，空间应该从哪里始发，应该在哪里含藏，又应该在哪里发放，就会不知晓。那么练功时，就会分不清劲节的转换变化，就会成为一种呆板的、僵滞的劲。

气从丹田出，劲由腰上发，丹田与腰部是全身的中节，又是躯干的根节。根节是劲气的源头，中节是劲气的含藏之处，梢节则是劲气的发放之点。所以"发之于根节，变化于中节，远达于梢节"。只有明白了根节，才能逐步掌握和运用好根节的催发劲气；只有明白了中节，才能掌握和运用好劲气的藏蓄及变化；只有明白了梢节，才能掌握和运用好功气的终放之点，达到贯通三节的目的。

明确了三节，着意才能有依有宗，明劲、暗劲、化劲三种劲儿，才能正确地体现出来。练功时三节、三劲必须分明，用手时三节、三劲又必须合一，因此说分而有三，合而为一。

2. 区分三节的意义是什么

在武术的理论中，之所以要把一个人的整体区分为三节，其意义和目的完全在于三节与劲节的运用。从三节的运动规律来讲，终不外乎起、随、追或催，这就是说当梢节起时，中节一定要随，而根节必须要追、要催。这是因为梢节的劲是来源于中节，中节的劲又来源于根节。例如，手起时，肘要随，膀要催；头起时，身要随，足要追；足起时，膝要随，胯要催。或者说用手进攻时，肘一定要沉，肩一定要催。肩催劲力才能到肘，肘催劲力才能到手，好似海水波浪，后浪催前浪。三劲合一才能有推动大山的功夫（三劲、三节合一，绝不是单指上肢或下肢，而是指全身上中下和内外的合一）。手足的劲气来源于肘膝，肘膝的劲气来源于肩胯，而肩胯的劲气又总是来源于腰腹（腹指小腹，即下丹田）。所以说："一身之劲在于腰，一身之气在于腹"，也就是这个道理。

在拳理之中，为便于对"六合"作进一步的描述和理解，故从另一角度提出了"三节"的说法。

第八章　基本功训练

基本功训练是所有中国功夫和传统武术的基础，也可以说是所有功夫和技法的基础。常言道，"打拳不练功，到老一场空"。然而，对于许多专业运动员或是技击爱好者来说，最容易忽视的训练就是基本功的训练，即身体素质的训练。他们往往把过多的时间和精力都花费在提高技巧和技术上，在身体基本素质方面的训练却极少。中华武道作为以传统武术为根基的中国功夫自然十分注重和强调基本功的训练。

对于具有历史和传承的中国功夫来说，基本功和身体素质的训练主要包括：柔韧性训练、力量训练、手、眼、身法、步的训练，以及速度和抗击打能力的训练等。这其中还包含各种动作、技法的协调与平衡训练。在整个训练过程中基本功训练尤为重要。

一、基础训练

(一) 准备活动

准备活动主要是使身体各部分的肌肉得到放松，为下一步进行高强度的训练做好准备。其目的首先是防止和避免肌肉、关节及软组织的损伤，同时也可以有效提升高强度运动中的效果和成绩。因此，准备活动要选择一些轻松且容易做的动作练习，同时还应当尽可能使准备活动中的动作与接下来的训练内容接近。

准备活动的时间长短，要视时间和气候等具体情况而定。通常，在早晨做准备活动所用时间要比下午长一些。一般以5~10分钟为宜，如果在冬天或寒冷地区，则应适当延长，或增加跑步等热身运动。

可选择的准备活动包括：扩胸、弯腰、涮腰、活肩轴、摇摆膝、抱膝、活腕（活手腕、活足腕、勾绷足面）。

各人可根据自身情况，酌情运动。

1. 扩胸

立正，两脚左右打开与肩同宽；两手握拳（或为掌型）左右伸直，高与肩平，随即，两臂用力向后伸展。两手里合左右交叉搂抱左右肩。（图8-1-1、图8-1-2）

图 8-1-1~
图 8-1-11

图 8-1-1

图 8-1-2

扩胸即胸部的开合法，反复练习可以有效地锻炼背部肌肉和胸大肌，并可提高肺活量。

2. 弯腰

两脚并拢立正站好；两手向上交叉合于头顶，随即，两掌向下，触按地面。两掌分别再向左脚外侧触按地面，向右脚外侧触按地面。（图8-1-3~图8-1-6）

两手紧抱双腿，以腹部和胸部紧贴大腿面，头部紧贴小腿面为最佳。（图8-1-7）

图 8-1-3

图 8-1-4

图 8-1-5

图 8-1-6

图 8-1-7

弯腰动作既可以拔伸腰肌，也可以抻拉腿后筋韧带，又可以达到收缩腹肌腿前侧肌肉的作用。左右转动够地既活腰胯又可以锻炼腿部、肋部两侧的肌肉。

3. 涮腰

两脚左右分开；两臂平举，随后两手交叉于腹前，由左至右旋转一周。向左下方旋转时，右手在外，左手在内。（图8-1-8、图8-1-9）

向左上方旋转时，右手在上，向后弯腰，脸上扬。向右下方旋转时，向右下弯腰，右手背于腰后（命门），左手向下置于右脚外侧。方向相反，动作相同。（图8-1-10、图8-1-11）

涮腰动作既可活动腰胯关节，又可运动肩背之筋骨关节。

图 8-1-8 　　　　　　　　图 8-1-9

图 8-1-10 　　　　　　　图 8-1-11

4. 活肩轴

右脚向前上步成右弓步；左手附于右膝上，右手下垂贴右胯，随即向上举至头顶以肘窝贴右耳随即上体向左拧转；左手背于身后，右手置于右腿内侧。右手上举置头左侧；向右摆头；目视右方。动作可重复进行。左弓步活肩轴时，动作相同，左右相反。（图8-1-12~图8-1-15）

活肩轴动作既能快速活动腰胯肩背，又能使气血快速地运达指峰。此项运动上可活动四肢躯干，下可达到巩固足之根力的作用。

图8-1-12~
图8-1-18

图8-1-12

图8-1-13

第八章 基本功训练

图 8-1-14

图 8-1-14 附图

图 8-1-15

图 8-1-15 附图

— 115 —

5. 摇摆膝

立正站好，两手左右打开伸平。右膝向上方对左肩斜提起，足面绷直，随即向右摆动180°，下落以足尖点地。（图8-1-16~图8-1-18）

右脚落地后即向右肩外侧提膝，并迅速向左侧里合180°，随后落于左脚前以足尖点地。

摇摆左腿时左右相反，动作及要领相同。

摇摆膝的动作因支撑脚不动，所以既可以有效地锻炼腰部力量，稳固脚力，又可以训练胯部的开合力。

图8-1-16

图8-1-17

图8-1-18

6. 抱膝

两脚并拢，屈膝下蹲；两手搂抱两膝，直腰挺胸。（图8-1-19）

抱膝有含胸拔背的功效，又有锻炼折叠劲的作用。

图8-1-19

7. 活腕

摇手腕：两手十指交叉，一手向前，一手向后，来回摇转。

摇足腕：两脚左右适度分开，一足尖戳地而立，左右转动往返摇动。

勾绷足面：一腿独立，一脚抬起，高抬之足面一勾一绷直。

（二）柔韧性练习

柔韧性练习是所有运动和动作的基础。正确充分的柔韧性练习可以避免或清除肌肉在运动中引起的对抗性紧张状态。

一位专业的或训练有素的运动员可以轻松协调地完成每一个动作，有效有力地击中目标，而无任何紧张状态，其柔韧性是首要的。初习者往往由于过度紧张、用力，缺乏协调性。这种协调性是每一个习练者必须经过严格的训练才能取得的。常言道"宁练筋长三分，不练肉厚一寸"，便是此理。

柔韧性练习是通过每天的押筋压腿，把腿部各个不同部位的韧带抻开，提高腰、胯、腿、脚各部位的柔韧度和协调性。

对初习者来说，动作幅度和强度都不宜过大，两腿要交替运动，在伸压过程中，要注意保持姿势正确。当腿部肌肉变得较为柔软而富有弹性时，可再逐步提高动作的幅度和强度，以避免拉伤肌肉和韧带。

1. 双手柱地抻筋法

身体直立，两腿并拢。动作同第一节准备活动中的弯腰。

2. 扑步抻筋法

扑步，脚尖向前；两手或单手扒在扑出之脚。左右腿左右相反，动作相同。（图 8-1-20）

图 8-1-20~
图 8-1-22

图 8-1-20

图 8-1-21

3. 吻靴抻筋法

两腿叉开，弯腰，两手抱住右脚，吸腹，胸尽量贴近右腿。右脚勾脚尖，下颌尽可能触及右脚尖。左腿左右相反，动作相同。（图 8-1-21）

4. 提趾抻筋法

一腿独立，趾掌抓地；另一腿勾脚尖向前蹬出；两手或单手抓握蹬出脚脚尖尽力上提。左右腿轮换。（图 8-1-22）

图 8-1-22

5. 压腿

压腿要借助器械，如扶杆、栏杆、椅背、桌子、树干、墙壁等。一腿独立；另一腿勾脚尖，以脚跟支撑在上述器械上，由低而升高，身体同时下压。

（1）正压腿：身体面向把杆；右腿支撑，脚尖向前；左腿勾脚尖放置把杆上，随即身体下俯，以胸贴腿。（图8-1-23）

图8-1-23~
图8-1-25

图8-1-23

（2）侧压腿：身体侧向把杆；右腿支撑，左腿勾脚尖放置把杆上与右脚脚尖成90°，身体侧弯下俯，以肋部靠近左腿。（图8-1-24）

图8-1-24

（3）后压腿：弓步后压法。左腿屈膝；右腿向后蹬直，前脚掌蹬地，成左弓步；左手扶左膝；右手用力按压右腿后胯部位；上身挺直向后仰压，从而抻拉左腿后侧和右腿前侧韧带和肌肉。动作相同，左右相反。（图8-1-25）

搬压法。一手扶住树干或把杆，以同向脚为支撑。另一手握住另一脚内侧，手伸直，脚用力外撑似弓形。（图8-1-26）

图8-1-25

图8-1-26

（4）搬腿：搬腿要借助旁人。背靠大树，两手扶住。一腿支撑，另一腿伸直，勾脚尖抬起，由另一人搬住上抬，由低至高，最后达到助手将腿扛到肩头，再以两手上推。

（5）劈叉：两腿叉开，直至大腿根部着地。

竖叉：前腿伸直，脚跟着地，脚尖上勾。后腿伸直，脚内侧着地。身体朝向前腿方向，身体逐渐下俯，或侧身下俯，身体贴住前腿为佳。（图8-1-27）

图8-1-27、
图8-1-28

图8-1-27

横叉：两腿横向劈开，逐步向地面下压，直至两腿全部贴地，两脚由脚掌着地逐步达到两脚内侧着地；身体向前直立，逐步前倾，至前胸贴地为佳。（图8-1-28）

图8-1-28

除上述各种抻筋压腿的方式以外，还有多种提高柔韧性的运动，如吊腿（前吊、侧吊、后吊等）。均可以借助不同的方式和器具来提高和增强身体的柔韧性。

在进行柔韧性训练时，一定要持之以恒、循序渐进，不要急于求成，以免拉伤。

(三) 基础腿法练习

腿法在实战技击中一直占有十分重要的位置，拳谚中说"拳打三分，脚踢七分""手是两扇门，全凭脚打人"，由此足以见其重要性。在进行实用腿击法的训练之前，开展基础腿法的训练是十分重要的。基础腿法也是基本功的重要组成部分，在传统武术的训练中将其称为"遛腿"。有拳谚说"打拳不遛腿，到老冒失鬼"。

在众多的腿法中，选择以下六种作为基础腿法。一方面，这六种腿法适宜于基础训练；另一方面，这六种腿法也可称为众多腿法之母，可以演变出数十种腿法。

预备势：身体直立，两腿并拢；两臂侧平举撑开，略有弧度，两掌直立，掌心向外，掌指朝上；目视前方。（图8-1-29）

图 8-1-29

1. 正踢腿（迎面腿）

左脚前进半步，重心落于左腿，右脚勾脚尖向前额或鼻尖或下颌处踢起，腿要直，支撑腿要稳；两眼平视前方。左右腿交替上踢，要求勾起抿落。（图8-1-30）

图8-1-30~
图8-1-33

图8-1-30

2. 斜踢腿（十字腿）

左脚前进半步，重心落于左腿，右脚勾脚尖斜向左耳部踢起，腿要直，支撑腿要稳；两眼平视前方。左右腿交替斜踢。（图8-1-31）

图8-1-31

3. 里合腿

重心落于左腿，右腿由身体右侧上摆，经面部向左侧方弧形摆落，膝至胸前，收小腿；并以右脚掌拍击左手掌作响。绷脚尖落下。左右腿交替进行。（图 8-1-32、图 8-1-33）

图 8-1-32　　　　　　图 8-1-33

4. 侧踢腿

左脚向前上半步，脚尖外摆拧身，重心落于左腿；双手握拳，左拳扬至鬓外八寸处，右拳屈肘置于左肋旁。右腿挺直沿身体右侧勾右耳方上踢；两眼平视前方。左右腿交替侧踢。（图 8-1-34、图 8-1-35）

图 8-1-34~
图 8-1-43

图 8-1-34 　　　　　　图 8-1-35

5. 外摆腿

重心落于左腿，右腿直腿向左耳上踢，经面部向右侧弧形摆落，以右脚外侧拍击右手掌心作响。左右腿交替进行。（图8-1-36、图8-1-37）

6. 后踢腿

右脚向前上步，屈膝成右弓步；两掌于胸前交叉。左腿支撑，右腿用力向后上方反撩，脚尖绷直；左掌上扬至头右侧上方；右掌向后上撩拍击右脚内侧；头向右摆，目视右腿方向。左右腿交替进行。（图8-1-38、图8-1-39）

图8-1-36　　　　　　图8-1-37

图8-1-38　　　　　　图8-1-39

(四)平衡性练习

武术与技击都是动态的技艺,无论是在自己独立训练运动的过程中,还是在两人或多人的对抗过程中,保持身体的平衡都是十分重要的。尤其是在对抗性比赛或实战中,如何使身体在运动中能保持良好的平衡都将是占据主动和赢取胜利的保证。因此在进行基本功的训练时应当重视对平衡能力的训练。

在实战中往往是单腿进攻、单腿支撑来保持平衡。所以,应重点进行单腿平衡的训练。其主要方法是:一腿支撑,另一腿进行前伸、侧伸、后伸的悬控腿,或称悬空耗腿。通过控腿既能巩固支撑腿的稳固力,又可以提高全身的协调能力,从而有利于腿部力量的发挥。

1. 正控腿

两手分开,高与肩平;一腿支撑,另一腿提起伸直,高于胯部,勾足或绷足面均可。左右腿可交替练习。(图8-1-40)

图8-1-40

2. 侧控腿

一腿支撑,另一腿侧向高抬,可横形,也可竖形。两手可自选动作配合。(图8-1-41、图8-1-42)

图 8-1-41

图 8-1-42

3. 燕式平衡

一腿支撑，另一腿绷足，向后直伸；身体前扑，两手左右分开保持平衡。（图8-1-43）

身体平衡能力的锻炼可以充分利用各种机会来进行，例如在坐公交车、地铁时，特别是在拐弯、进站、离站等速度发生变化的时候，都是训练平衡反映能力与控制力的绝好机会，可以由两脚平衡训练逐步转换到单脚的平衡训练。

图 8-1-43

二、身体综合素质训练

一般运动员和爱好者往往过于注意技巧技能的训练，而忽略了身体素质与体能的训练。这也是由于身体素质与体能的训练通常都比较枯燥。然而身体素质与体能的训练是所有训练中最重要，也是最基础的环节，这也是决定你在对抗训练和实战中保持胜算和掌握主动的主要因素。这些训练是锻炼臂力、增强体能、提高耐力和爆发力的手段，避免体能退化的保障。

（一）耐力训练

开展日常体能训练的方法有很多，通常以跑步、跳绳、骑固定架自行车、爬楼梯等为最方便有效。

跑步时，可以变换步幅与节奏，即以常规步幅跑上一段后，再以大跨步跑一段，然后猛跑几步，再恢复到放松跑。训练中，这样循环变换跑步的节奏，可以提高身体的耐力、调节能力，还能增强爆发力。跑步之后，可以全速蹬骑固定架自行车，能进一步提高腿部力量，锻炼心血管系统功能。

跳绳是另一种主要的耐力性练习。跳绳不仅能增强耐力，还能使脚下变得轻快。有实验表明，10分钟的跳绳运动相当于30分钟的小步跑，说明跳绳比小步跑更有效。两腿交替式跳绳还能增强身体的平衡感。

跳绳练习可参仿对抗性比赛，跳3分钟（相当于一个比赛回合），休息1分钟，再跳3分钟，休息1分钟。一次训练可以做3~5个回合。

多种形式的综合耐力训练可以减少枯燥与乏味。可结合步法、身法以警戒式为基础进行耐力训练。与假想敌作对抗性出拳、踢击等训练，都是十分有趣和有益的。这种训练在提高耐力的同时还能提高动作的速度。练习中要使身体放松、步履轻快，全身自然舒适；出击动作要快速有力。要时刻保持假想敌的概念和意识，要设想如何快速有效地击倒对手，将这种意识和精神贯彻训练的始终。

素质与体能的训练，贵在坚持，一旦中断都容易前功尽弃。

(二）弹跳力训练

1. 蛙跳

两腿屈膝下蹲成马步，随即向上起跳；两手左右伸平。
（图8-2-1、图8-2-2）

图8-2-1~
图8-2-11

图8-2-1 　　　　　　　图8-2-2

2. 蛤蟆蹦

两腿屈膝下蹲成马步；两手合十，随即向前做蛤蟆扑食跳跃，两手撑地；两脚向后上方蹬出。两脚落地，含胸屈膝，以两脚内侧着地。蛤蟆蹦可向前跳跃，也可以左右横向跳跃，也可以后退式跳跃。向上起跳时手脚腾空，也可两手合拍。四肢落地后，即刻起跳腾空重复练习。蛤蟆蹦可高效地锻炼开合力。
（图8-2-3、图8-2-4）

图8-2-3 　　　　　　　图8-2-4

（三）腾空跳跃

弹跳与腾空动作并非是许多人心目中认为的"花架子"。通过弹跳与腾空动作的训练，一方面可以有效提高自身的弹跳力，以及出腿、踢腿的力度和爆发力；另一方面可以增强身体的整体协调、平衡能力，提高身体各部位在空中和运动过程中的掌控能力。这里所列举的都是基本弹跳动作，在后面还可以结合多种实用腿法进行组合性训练。

1. 二起脚（飞脚）

身体站立，两掌自然交叉，左掌自胸前伸，右掌经面前向后劈。身向左拧，往前助跑，至右脚在前时，左腿向前上方摆动，随即右脚蹬地腾空，屈膝弹踢，左腿屈膝下垂；同时右掌前伸，以手背上击左掌心，再下拍击右脚面；左掌上扬至左上方；两眼目视前方。（图8-2-5）

图8-2-5

2. 腾空摆莲

身体直立。左腿屈膝提起，右腿金鸡独立；左掌呈勾手置于身后，手臂伸直；右掌前伸呈立掌，手臂伸直。接着左脚向前落步，助跑3~5步至左脚在前时，右脚前跨一大步，脚尖外摆，随即蹬地跳起，右腿直腿由里往外摆踢出，左腿屈膝下垂；同时两掌拍击右脚外侧；两眼注视摆踢脚上方。左右腿可交替练习。（图8-2-6~图8-2-9）

第八章 基本功训练

图 8-2-6

图 8-2-7

图 8-2-8

图 8-2-9

— 131 —

3. 旋风脚

身体成马步架打式；左拳架于头顶左上方，右拳平拳伸直，目视右拳方向。重心移至右脚，左脚以摆莲腿型外摆，随即右脚踏地，身体向左上方翻转腾空，左腿在空中摆动后屈膝下垂，右腿呈里合腿由外向里扇击；左掌在头顶前面迎击右脚前脚掌。落地后仍成马步架打式。（图8-2-10）

此为原步旋风脚。加上三步助跑则为上步旋风脚。旋风脚可以向左右两个方向踢。也可踢单一方向的旋风脚。

4. 双飞燕

两腿随意站立，提气、收腹、提膝，两脚向上弹踢；两手顺势向下拍打脚面。并足，也可分足。（图8-2-11）

图 8-2-10

图 8-2-11

（四）力量训练

力量的训练方法有很多，如推、拉、提、举等，在这里只对俯卧撑、仰卧起坐、侧身单手撑、指撑做介绍。

1. 俯卧撑

全身绷直，以脚尖着地；两臂弯曲以掌撑地，然后两手用力将两臂撑直，再向下屈臂。10~20个为1组，做5组以上为宜。（图8-2-12、图8-2-13）

图8-2-12~
图8-2-17

图8-2-12

图8-2-13

2. 仰卧起坐

仰面朝天躺下，两膝向上顶，两脚掌或脚跟着地使腿弯曲，两手十指交叉抱住头后。两腿不动，腰腹用力，上身向前坐起，再有控制地向后躺平。反复练习逐渐增加次数。（图8-2-14、图8-2-15）

图8-2-14

图8-2-15

3. 侧身单手撑

顺墙的方向，距离墙1米远或适度站立，以右手撑住墙面，向上提起右膝以小腿外侧搭在左膝上，身体向右倾。左手方向相反，动作相同。（图8-2-16）

4. 侧身指撑

侧身指撑是提高指力的重要方法。可以结合上述训练的同时进行指力的锻炼。用五指、三指、二指或单指侧撑的方法与掌撑的方法相同。（图8-2-17）

图8-2-16

图8-2-17

（五）眼法训练

眼力对于技击运动来说是至关重要的，这也是与其他运动的最大区别之一，眼力在技击中是决定观察能力、判断能力、反应能力以及威慑力的重要保证。

1. 转眼珠

头正、身正，两眼向远方平视，然后顺时针转眼珠9次，再逆时针转眼珠9次。或两手掌心摩热分别盖住双眼，先顺后逆各转9次。

2. 眼力与光射

两眼向远处平视，认真将远处物体看清，时间5~10分钟，然后用意念以眼睛吸气的方法将物体拉近，再以眼睛吐气的方法将物体推远。

3. 余光

自由而立，两手向前伸直，左右拇指向上竖起。两手分别向左右两侧慢慢摆至与身平。头不动只用眼睛的余光盯着拇指。两手再向身前合拢，两眼余光仍盯视拇指，来回重复练习。（图8-2-18、图8-2-19）

图8-2-18

图8-2-19

三、基本动作训练

定势练习就是指在一种固定的模式下重复练习。通过定势步型、手法反复的练习，用以增强腰力和全身的协调性，稳固底盘（腿力），提高出手的力气与速度，将手法练熟练精，从而达到手到气达的目的。

这里所列出的步型是基础步型，也是多种步法演变的基础。

主要基础步型有马步、弓步、仆步、虚丁步、插步、虎步等。

（一）马步

马步与弓步同为"步中之母"。马步讲究三停。

一停，步幅大小以身取稳为度。一般是肩宽左右各加一脚。脚尖微内扣，脚外侧与身体朝向平行。

二停，以步幅中心为准，两膝向内合。

三停，两膝以上，胯肋取直，上盘要挺，中腹要叠（收缩），中心取正，脚十趾抓地，不要拔根望天。

注意两膝向内合的同时需有外撑之力，两胯需比两膝高出一到两指。

1. 马步冲拳

两拳拳心向上，紧贴两肋侧成马步；两膝不动，拧腰向前送右肩，右拳向前冲打，左肘同时向后撑顶；拧转右拳掩肘收于右肋侧，拳心向上；同时，左拳向前由右肘内侧向前冲打，左肩转动，左拳顺势打出，右肘随势向后撑顶使右拳收回拳位。（图8-3-1~图8-3-3）

图 8-3-1~
图 8-3-13

图 8-3-1

图 8-3-2 　　　图 8-3-2 附图 　　　图 8-3-3

2. 单撞掌

马步式站立，调右肩拧肘向前撞右掌，指尖向上，以掌根发劲；随后右掌掌心向上掩肘回收，掌心向上贴于右腰侧，左掌同时由右肘内侧向前撞出。（图8-3-4、图8-3-5）

3. 刁手抓带

马步站定，左手停于左肋旁，向前出右鹰爪手，用力抓握翻腕使手心向上，并迅速收肘带手使右手收于右肋旁；同时，左手向前出鹰爪手。

左右手交替练习。（图8-3-6、图8-3-7）

图8-3-4

图8-3-5

图8-3-6

图8-3-7

4. 双撞掌

马步站定，两掌掌心向上，分别停于腰侧；两掌慢慢穿至胸前，当穿至胸前时马上翻腕撑肘，两掌掌心向前撞出；回手时翻掌，掌心向上，将两手分别收于腰侧。（图8-3-8~图8-3-10）

图8-3-8

图8-3-9

图8-3-10

（二）弓步

弓步，又称弓箭步。前腿弓，后腿蹬。前弓似弓背，后蹬似弓弦。前腿弓膝内扣，是为掩裆；脚尖内扣45°，是为封护小腿的"七寸"。这种步型有横劲、有竖劲。前脚外侧蹬扣用力，脚心与膝盖、胸口取直。上盘微俯，斜身吊肩。后腿蹬直，直中带沉。脚尖内扣45°，两脚作人字形。（图8-3-11）

图8-3-11

左弓步冲拳

两手握拳收于两肋处，两腿直立，左脚向左迈出，脚尖内扣45°；同时，左拳搂左膝酝左膝前；右拳顺势从胸前打出，右拳与肩平，上身微前倾，右腿蹬直；目视右拳。（图8-3-12、图8-3-13）

上右脚，可继续作右弓步冲拳练习，如此反复。

图8-3-12　　　　　图8-3-13

注：在本节的定势练习中，无论是马步还是弓步，都要求出拳时拧腰顺肩，久而久之，便达到出拳长一寸的功效。而且发力时全身协调一致，劲力整而有力。

（三）仆步

仆步，分为两种，一种为低仆步（仆地锦），另一种为高仆步（虎抱头）。

1. 低仆步（以左"扑地锦"为例）

左腿平直伸出，左脚尖内扣，右腿屈膝下蹲，大腿靠挤小腿。上身向下、向右腿方向倾仆。此仆步，可做前扫后挂的动作。（图 8-3-14）

图 8-3-14

2. 高仆步（虎步以"左虎抱头"为例）

左腿膝盖上弓，左脚尖内扣，右腿屈膝，三节不靠，膝弯微离，上身前仆约 45°。（图 8-3-15）

图 8-3-15

虎抱头的另一种步型是屈腿仍三节靠挤，仆腿仍要膝盖上弓，脚尖用力内扣产生横劲。重心多放在屈腿上。这个步型有向前的顶劲，又可任意后退和前进。

（四）虚丁步

胸朝前方，前脚为虚，伸出，脚尖内扣25°点地，脚跟提起，膝盖微内扣，脚中心与膝盖、胸口相对；后腿屈膝约45°，重心前腿占四分之一，后腿占四分之三。（图8-3-16）

（五）插步（倒插步）

以右式为例：左腿重心站稳，右腿从左腿后倒插，至半步以外，右脚掌着地，脚跟微起。身体下屈45°。这种插步是转身换式所用，为的是偷步。（图8-3-17）

图 8-3-16 　　　　　　　　图 8-3-17

（六）虎步

虎步是马步的变换。马步为重心居中，两腿平均着力。虎步则是将重心向一腿偏移三分之二，另一腿三分之一。步型比马步略低，比虎抱头略高。此步型易于起腿。（图8-3-18）

图 8-3-18

四、站桩功

站桩是我国古代的一种养生术,早在两千多年前的《黄帝内经·上古天真论篇第一》中就有记载:"余闻上古有真人者,提挈天地,把握阴阳,呼吸精气,独立守神,肌肉若一,故能寿蔽天地,无有终时,此其道生。"千百年来,这种功法被习武者作为练拳过程中的基本功。

站桩是一种锻炼内在的基本功夫,也是一种健身之术。具有调整中枢神经和末梢神经功能的作用,能促进血液循环,增强各系统新陈代谢,调整和恢复人体机能,使各器官在高级中枢神经作用下密切配合,对预防疾病有较好效果。

如果人体中各组肌肉群都处于一种放松、张弛有度的状态,体内的气血运行就不会受到阻碍,身体内部循环通畅,从而使人呼吸均匀、代谢旺盛、免疫力提高。人体自身祛病、防病的能力和潜力是十分巨大的,这是人类及其他生物能够延续生命、焕发生机的根源。身体放松了,有利于机体的循环,从而保持人体的最佳生命状态。站桩功正是让人体进入均匀的状态,使筋脉舒展,脏腑之气通达,调动人体阴阳平衡而进入一种和谐的状态。

站桩功要求身形放松,意念安定。通过本节介绍的练习方法可以帮助机体逐步进入阴阳相济、动静相宜的状态。练功和做事一样,要循着规律来,功夫的增长变化也是循序渐进的,劲头要守住,精神也得守住,持之以恒,日久定见功夫。

(一) 太极桩

1. 基本姿势及要领

(1) 两脚平行,脚掌如月牙形站立于地,即两脚尖微微内扣,脚跟外撑,微呈内八字。自脚跟起沿脚外缘至大脚趾,压力均匀,脚心空起不落地,两脚形成一个圆。

(2) 紧膝松胯,屈膝大腿部向下、小腿部微微向上用力,使膝盖"缩紧";臀部夹紧,配以大腿向下有力使胯关节"拉开"。

(3) 骶骨上方后倒,命门前挺,后突下背,天突向后垂线对正命门。

(4) 肩头、肩胛向后夹紧,两臂向前抬起,两手腕部稍高于肩,两手横开稍大于肩宽,两肘微屈收紧,手指自然竖直,大指与小指微有在手背相合之意。

(5) 竖颈正容,舌抵上颚,齿微叩,下巴微微内敛,两眼平视,聚焦远处,耳听后方。

（6）身体姿势放好后，开始下桩，初练时不要求低，高桩容易调整身体姿态。逐渐放低，达到大腿与膝平则为极致。但要注意的是，太极桩的下桩与通常的蹲马步下桩不同，太极下桩不是下蹲，下桩是要把脚提起来，使得大地与身体的躯干贴近，而不是身体下沉。下桩的前提是身体的整体姿势不能改变。

（7）身体姿态形成后，要先检查脚圈用力是否均匀，然后在姿态不变的前提下，把能放弃的肌肉紧张力量全部去掉，并且每隔几分钟检查一下。

所谓的"桩"是以脊椎骨保持"正确姿态"为最终目标的，这个"正确"最重要的是指天突、命门、尾骨尖的垂直，而这三者以命门为第一重要，"正确"的脊骨形态具有清晰明确的生理弯曲。（图8-4-1、图8-4-1附图）

图 8-4-1

图 8-4-1 附图

2. 练习方法

开始站桩以 3~5 分钟为宜，逐渐可增加到 25~30 分钟，终极目标是"二十四时站桩"。站桩时的人体身形要素，就是人们在日常生活中尽可能保持的状态，行止坐卧均须保持姿态的合宜。

（二）混元桩

传统的桩法练习种类繁多，但分析其原理都大体相似。混元桩（浑圆桩），也有人称"无极桩"。"浑圆"意指天地，天地能滋生万物。传统武术中有很多桩功均由混元桩衍生而成，混元桩的基本要领也被各类桩功广泛吸收利用。混元桩是传统气功中的一种养生桩法，可以采取站姿、坐姿、卧姿，是比较自由的一种锻炼方法，特点是易学、易掌握且随时随地可以练。

本节结合中医理念剖析混元桩的练习方法，以便大家更好、更快地掌握其要领，收获更多实效。

1. 混元桩养生原理

（1）"松静自然"回归于混元之态。松，就是在保持正确姿势的前提下，尽可能的放松；静，就是在站桩过程中，尽量保持意识的安静或专一。当然，也最好保持环境的安静，以免影响心神专一。

自然，就是在锻炼过程中，顺应人体自身状态，顺应人体与大自然相互感应的状态。不要强行增加力量、意念来助呼吸及体内气血运行。越自然，人体的脏腑肢节才能协调配合，如水中浮动的水草，随水势自然浮动，自身无须任何多余的力，一动则全动。如此状态，气血运行才不受阻，脏器不受压迫，筋骨之间不产生僵力，调整身体的效果也会越好。即使练习初期动作要领没掌握好，也不要强行纠正自己，要顺其自然，心情放松，只要放松了，效果同样明显。

（2）接通任督二脉，调动全身气血。在桩法练习过程中，要求"头顶虚悬，松腰塌胯"，这也是动作要领中最关键的点。从放松角度说，如此可以使形体深度放松；从中医理念上讲，"头顶虚悬"是调动百会穴的气血，从而牵动督脉导引一身之阳气；"松腰塌胯"是调动会阴穴的气血，从而带动任脉一身之阴气，如此可接通任督二脉，调动全身气血。加之舌抵上腭，更有助于任督二脉气血的运行。任督二脉气血运行通畅则其他经脉气血自然通畅。

养生重点调动的是人体的阳气。人体后背为太阳经脉的循行路线，太阳经脉是人体阳气最充足的经脉，督脉贯穿整个后背的正中为阳气之海，混元桩中"头顶虚悬，松腰塌胯"就是为了让后背抻开，这个状态始终贯穿于练习过程中，可调动身之阳气。

2. 练习方法

（1）预备势：身体直立，两脚分开与肩同宽，脚尖向前，不可有内外八字，全脚踏地，劲道不散。肩井穴与涌泉穴垂直一线，站好了这一点，脚心会有微微发热或发麻的感觉。头正，略收下颌，两唇轻合，舌抵上颚，两眼目视前方；尾骨前敛，两臂自然下垂，肘微屈；含胸拔背，腰胯、两膝放松，使背部、腰部、臀部大体在一条直线上。排除杂念，自然呼吸，面带微笑，全身放松。（图8-4-2）

（2）站桩：两手缓缓上提至胸前，沉肩、坠肘、松腕，两手外撑抱圆；同时，裹胯屈膝。（图8-4-3、图8-4-3附图）

躯干要点：头正，略收下颌，使脊柱正直。

上肢要点：两手指尖相距一拳距离，指尖相对，掌心向内，十指自然分开。挺腕，手略高于肘，肩井穴松开，两臂内抱外撑，形成内力灌导至稍节的通道。可在站桩过程中自行体会。

下肢要点：胯向里收，两膝自然弯曲，这是混元桩对"屈膝"的解释。桩功的应用点就是要造就坚实的下盘功夫，寻找合理的整体结构，保障气血的顺畅。

站桩时，呼吸自然，身心放松，心态平和，只有这样才会站得轻松。

图8-4-2

图8-4-3

图8-4-3附图

（3）收势：自然站立，两臂张开；吸气，两掌自身体两侧向上托起在头顶合拢；呼气，掌心向下，两掌自胸前缓缓按至小腹。（图8-4-4、图8-4-5）

两手合抱于丹田，男左手在下，女右手在下，静默两分钟，默想全身气机如百川归海一样流入丹田，丹田如同无底深渊，收藏无尽气机；然后提肛收腹，两手下按，气机由丹田收入关元，完成收功。

图 8-4-4

图 8-4-5

3. 练习要点

呼吸：一般要求自然呼吸，要关注呼吸，但不可强行加强、改变呼吸的状态，除非在有特殊功能的锻炼方法中，才会有特殊的呼吸方法。

意念：意念犹如两手抱一个气球，松则飞，紧则炸。做到松而不懈、紧而不僵、松紧适度，精神安静、神情放松、意念专注，保持超然、怡然的心态。在情绪剧烈变动的时候，不要进行站桩练习。

站桩的高度：站桩高度不同，用力不同，锻炼的细密程度不同，锻炼的效果就不同。一般来说，站得低，费力气，其气粗，练意少（静的程度），反应快；站得高，用力少，易放松，易入静，其气细，练意少。两种高度加上呼吸配合功法，锻炼效果及功能不尽相同。

五、真气运行呼吸法

真气运行呼吸法是在多年修炼各家传统经典秘传养生功法基础上，经梳理整合而成的一种比较简便的养气呼吸法。该功法注重对肺部功能的开发，同时带动全身经络的运行。通常没有经过锻炼的人，其肺部功能仅用到了六分之一，具有很大的开发潜力。而心肺功能恰恰是维系人体生命的首要功能。

真气运行呼吸法外形动作与八段锦部分动作相似，是一套强调"身、口、意"三业相应合一的功法，即要求身体动作与呼吸及意念导引合而为一，同时注重气血运行和经脉循行的一致性。该功法是一套简单易行、气感强、见效快的功法。

（一）动作说明

（1）起势：两脚分开，平行站立，与肩同宽，两脚脚心空起，十趾轻轻抓地，两膝微屈；两臂放松，两掌掌心向内，自然垂于体侧；目视前方，两唇微合，舌抵上腭，齿叩合。（图8-5-1）

（2）吸气，两臂弯曲，两掌掌心向上，十指相对，慢慢自小腹向上托起至胸前。（图8-5-2）

图 8-5-1~
图 8-5-8

图 8-5-1　　　　　图 8-5-2

（3）呼气，两掌向外翻掌成掌心向上，两臂向上托举成"霸王举鼎""玉柱擎天"之势，两掌挺腕伸直，力灌指尖；同时，两脚尖跷起；目视前方。（图8-5-3）

（4）两掌挺腕伸直指尖向上，吸气，两掌内旋，掌心向内引两臂弯曲收回，两掌拂面而下，经胸前分开收于两肋，两肘后撑将胸打开，掌心向内，指尖向下；目视前方。（图8-5-4）

（5）呼气，两掌继续下行，沿身体两侧经胆经、膀胱经而下至两脚脚后跟，两膝挺直，向前弯腰，胸尽量贴近大腿。（图8-5-5）

图 8-5-3

图 8-5-4

图 8-5-5

（6）接上动，两膝弯曲，下蹲，挺腰成马步；吸气，两掌掌心向斜上，十指相对向上托起至两膝前，犹如"海底捞珠"之势；随后站起，捧两掌至胸前；目随视两掌。（图8-5-6）

以上2~6动作循环往复7次，连续进行，绵绵不断。

图8-5-6

（7）收式调息：接动作5，两臂张开，吸气，两掌自身体两侧向上托起，在头顶两掌合拢；呼气，掌心向下，两掌经胸前缓缓下按至腹前。（图8-5-7、图8-5-8）

图8-5-7　　　　　　　　　图8-5-8

(二) 动作要领

（1）两唇微合，舌抵上腭，始终用鼻呼吸，呼吸均匀，绵长有力，成深呼吸。呼吸与动作快慢进度一致。动作2、4、6为吸气；3、5为呼气。

（2）意念与动作及呼吸保持一致和同步。

（3）呼吸与意念的导引动作与经脉气血运行方向一致。其中动作2、6为循足三阴3条经脉而行；动作3循手三阴3条经脉而行；动作4为循手三阳3条经脉而行；动作5为循足三阳3条经脉而行。

（4）动作2、6注意挺腰；动作3注意踮脚，抻拉脊柱，伸展两臂，让气血灌于指尖送出；动作4注意向后撑肘，将胸打开；动作5两腿绷直，两臂尽力下抻，手抚脚跟，将气呼尽。

（5）动作与呼吸、意念同步一致，呼吸的时间周期逐渐延长。

(三) 效果观察

（1）做动作5时，记住第一次摸到的小腿肚的位置，练习3~5遍后，腿的韧带、筋变长，随着呼气，摸的位置逐渐降低，甚至可以轻松摸到地面，抻筋拔骨功效明显。

（2）熟练后，可以闭目练习。通常7遍下来，虽没什么运动量，动作也不剧烈，但已能感到全身发热，面色红润，两掌气感充盈。

第九章　基础功法与套路训练

一、五行功（五形功）

五行功属于行功的一种，原由著名武术养生家马礼堂先生以形意拳的十二形为基础创编，分别取鹤、熊、鼍、虎、龙五种动物之象形。本文所述功法以此为基础，结合阴阳五行及中医理念略作调整，其中，取鹤之空灵开合之力、熊之沉稳竖项之力、鼍之活泼聚散之力、虎之勇猛擅扑之势、龙之柔活搜骨之法。以阴阳之五行养五脏，牵动奇经八脉真气的运行，疏通经络，补养脏腑。同时亦可配合五音震动不同的脏腑，是一套以五行相生理念为基础，协调配合发音、动作、呼吸的养生功法。其动作朴实大方，寻求放松自然的状态，长时间习练，可达到内养脏腑、外坚筋骨的目的。

鹤行，既能起足跟之劲上升，又能收头顶之气下降，还能疏导真气行于四肢，久练可使头脑清醒，四肢轻灵。

熊行，取其外阴内阳之特性，在内能接阴气下降于丹田，在外能使阳气布散于腰背，增强阴阳之气内收外散的能力。同时在躯体旋转提升的过程中又有助于脾胃的消化功能。

鼍行，鼍是水族中身体最灵活的动物，其行既能活泼周身的筋络，又能化身体之拙气拙力，久练可使筋骨弱者转而变强，筋骨柔者转而变刚。

虎行，发劲起于督脉，起落不见形，可以使清气上升，补脑壮髓；疏通督脉，牵引诸脉皆通。

龙行，发力起于任脉，动作灵活，能调整脊柱形态，牵引躯体，久练既能保养真阴，又能使心火下降。与虎行之气轮回相接。

（一）起势与三体式

三体式站桩是形意拳最重要的基本桩功，所有形意拳的动作都离不开这个基本姿势。其他拳路尽管变化万端，但原理和要领与三体式都是一致的，所以有

"万法出于三体式"之说。

1. 起势

（1）自然站立，身体向左转45°；两臂自然垂于体侧；目视前方。（图9-1-1）

图 9-1-1

（2）两腿慢慢屈膝，重心偏于右腿，两臂张开，从体侧前慢慢托起，两掌掌心向上，当掌与肩同高时，屈肘划弧内扣，两掌徐徐下按至小腹前，两掌掌心向下。（图9-1-2、图9-1-3）

图 9-1-2 　　　　　　　　图 9-1-3

（3）上体不变，两掌变拳，左拳内扣，拳心向下，右拳从左腕上钻出，拳心向上，与鼻同高。左脚向前迈出一步，左脚脚尖与后脚脚跟前后相对，相距约两脚长，两腿屈膝，重心落于右腿；同时，左拳变掌，掌心向上从右腕上钻出，紧贴右臂前伸，五指分开，掌心向前、内含，高与鼻尖平；右拳变掌，内扣收于腹前，拇指根节紧贴小腹，手腕下塌；目视左掌食指前方。此处定势即为三体式。（图9-1-4、图9-1-5）

图 9-1-4

图 9-1-5

2. 三体式要点

上体正直，不俯不仰，目视前方，头向上顶，颈要竖直，面部要自然，牙齿轻扣，下颌略向内收；两肩向下松沉，肩窝处略向后收，左臂（前手）肘部下垂，不可伸直，左手食指向上挑劲，拇指向外撑开，虎口成半圆形，掌心内含，右前臂贴于腹部右侧，右手五指要撑开，腕部要塌；胸略向内含，不要紧张用力，两肋舒展（束肋），心胸平静空虚，腹部自然充实（沉气），但不要刻意鼓腹；背部肌肉尽力向两侧伸展（拔背），腰要塌住；臀部与后脚脚跟上下相对；臀部不可向外突出，肛门部位的括约肌向里收缩（谷道内提）；两胯略向后收缩（缩胯），重心偏于右腿；前腿既虚且实，承担少部分体重；两膝微向里扣，前膝屈弓不要超过踝关节；两脚脚趾抓地；呼吸自然，精神集中，力求身体稳固。

以上各部的要点，练习时务必处处安排好，不可忽略任何一处。此姿势对培养练习者的内在力量及调节呼吸很有帮助。更重要的是，它集中体现了形意拳的基本要求和特点，初学者可以从此姿势体会锻炼的要点，为以后的练习打实基础。

（二）五行功的练习

五行功作为一种行功，是以五套独立的单式单操练习的，均以三体式作为起势，循环往复，十分自由，也很容易出功夫。

1. 鹤行

由三体式起。

左鹤行

左腿以膝领劲慢慢上提至与腹平，小腿放松，脚尖内扣；两臂带动两掌上提，以腕领劲，前臂放松，掌心向下；自然吸气。当两腕抬至与肩同高时，左腿向左前方45°慢慢下落，左脚前进一步，小脚趾侧先着地，成左弓步；同时，两臂缓缓下落，两手自然收于体侧前方；自然呼气；目视前方。（图9-1-6、图9-1-7）

图9-1-6~
图9-1-25

图 9-1-6

图 9-1-7

右鹤行

接上式，身体向右转45°；右腿以膝领劲慢慢上提至与腹平，小腿放松，脚尖内扣；两臂带动两掌上提，以腕领劲，前臂放松，掌心向下；自然吸气。当两腕抬至与肩同高时，右腿向右前方45°慢慢下落，右脚前进一步，小脚趾侧先着地，成右弓步；同时，两臂缓缓下落，两手自然收于体侧前方；自然呼气；目视前方。（图9-1-8、图9-1-9）

如此循环练习。

图9-1-8

图9-1-9

2. 熊行

由三体式起。

左熊行

（1）接上式，身体直起，左脚上步，脚尖稍内扣；右脚脚尖外掰，两脚成丁字形；左掌变拳，拳心向上从胸前钻出至与鼻同高；同时，右掌变拳由体侧收于腹前，拳心向下；目视左拳。（图9-1-10）

（2）身体左转，随即右脚上步下蹲成歇步；同时，右拳向右上摆起，随即内扣自胸前向下钻至左脚内侧，拳心向外；左拳向后划弧再下钻，拳心向后，置于左侧身后；自然呼气；目视前方。（图9-1-11）

图 9-1-10

图 9-1-11

右熊行

（1）接上式，身体直起，向右转90°；同时，右脚上步，脚尖稍内扣，左脚脚尖外掰，两脚成丁字；同时，左拳，由身后收至腹前，拳心向下；右拳拳心向上从胸前钻出至与鼻同高；目视右拳。（图9-1-12）

（2）身体右转，随即左脚上步下蹲成歇步；同时，左拳向左上摆起，随即内扣自胸前向下钻至右脚面上，拳心向外；右拳向右后划弧再下钻，拳心向后，置于右侧身后；自然呼气；目视前方。（图9-1-13）

如此循环练习。

图 9-1-12 　　　　　　图 9-1-13

3. 鼍行

由三体式起。

右鼍行

两掌变拳，左拳内扣，拳心向下停于腹前；右拳收回，由拳位经胸前从左腕钻出，高与鼻齐；同时，右脚跟进，脚尖着地，靠在左脚脚踝内侧；目视右拳。（图 9-1-14）

右脚向右前方45°迈出半步，左脚疾步跟进，重心偏于右脚；同时，以腰发力带动两前臂外撑，两手由拳变鼍行掌，拳心斜向下，虎口自然撑开；两臂同时振臂外撑，以右臂为主，既要自然灵活，又不可太开；自然呼气；目视前方。（图 9-1-15）

图 9-1-14 　　　　　　图 9-1-15

左鼍行

接上式，两掌变拳，右拳内扣，拳心向下停于腹前；左拳收回，由拳位经胸前从右腕钻出，高与鼻齐；同时，左脚跟进，脚尖着地，靠在右脚脚踝内侧；目视左拳。（图9-1-16）

左脚向左前方45°迈出半步，右脚疾步跟进，重心偏于左脚；同时，以腰发力带动两前臂外撑，两手由拳变鼍行掌，掌心斜向下，虎口自然撑开；两臂同时振臂外撑，以左臂为主，既要自然灵活，又不可太开；自然呼气；目视前方。（图9-1-17）

如此循环练习。

图9-1-16

图9-1-17

4. 虎行

由三体式起。

右虎行

身体稍右转，两腿微蹲，右脚靠向左脚，脚尖点地，含胸拔背；两掌内卷收至胸前，掌心向斜上；自然吸气。（图9-1-18）

右脚向右前方45°迈出一步，左脚疾步跟进，重心偏于右脚，两掌自胸前钻出，随即转臂内扣向前，以腰带臂向前扑出，掌心向前下，虎口相对，高与胸平，气势下沉；自然呼气；目视远方。（图9-1-19）

图 9-1-18 　　　　　　　　图 9-1-19

左虎行

接上式，身体稍左转，两腿微蹲，左脚靠向右脚，脚尖点地，含胸拔背；两掌内卷收至胸前，拳心向内；自然吸气。（图9-1-20）

左脚向左前方45°迈出一步，右脚疾步跟进，重心偏于左脚，两掌自胸前钻出，随即转臂内扣向前，以腰带臂向前扑出，掌心向前下，虎口相对，高与胸平，气势下沉；自然呼气；目视远方。（图9-1-21）

如此循环练习。

图 9-1-20 　　　　　　　　图 9-1-21

5. 龙行

由三体式起。

左龙行

右脚提起，脚尖外掰向前蹬出；同时，两掌在胸前交叉，左掌掌心向上，右掌掌心向下；自然吸气；目视前方。（图9-1-22）

右掌内扣后拉，掌心向下，收至右肋侧，左掌掌心向上，紧贴右腕上向前钻出，随即内扣下按劈出；同时，下蹲后坐，前后抻筋拔骨，头部保持竖颈之力；自然呼气；目随视左手。（图9-1-23）

图9-1-22

图9-1-23

右龙行

接上式，左脚提起，脚尖外掰向前蹬出；同时，两掌在胸前交叉，两掌掌心均朝上；自然吸气；目视前方。（图9-1-24）

左掌内扣后拉，掌心向下，收至左肋侧；右掌掌心向上，紧贴左腕上向前钻出，随即内扣下按劈出；同时，下蹲后坐，前后抻筋拔骨，头部保持竖颈之力；自然呼气；目随视右手。（图9-1-25）

如此循环练习。

图 9-1-24

图 9-1-25

二、32式冲拳

(一) 概述

武术套路是以格斗技术为基础组成的系统动作。在冷兵器时代，人们反对花哨的武艺，对那些练时好看、上阵无用的花拳绣腿嗤之以鼻。明代著名武术家戚继光曾对军士说过："武艺不是答应官府的公事，是尔等当兵防身、杀敌、立功的勾当。尔武艺高，决杀了贼，贼如何又会杀尔？若武艺不如他，则他决杀了你。若不学武艺，是不要性命也。"

这可以说是一语中的。在冷兵器时代，武术的真谛就是搏杀。但如何练习武艺呢？其中一条不可逾越的途径，就是练基本功、练套路，这需要循序渐进。

戚继光认为，套路虽不能用于实战，但对锻炼身体大有裨益，尤其是可以通过练习套路增强体能，熟练攻防招术，从而为实战打下坚实基础。武术套路是从技击实际出发的练习项目，在形成之初，与"舞""健身"均无太大关联。

虽然要继承传统武术，套路不可不练，但又不可沉迷于套路而无视其他。终究，套路练习距离武术真谛还有一段距离。它不能代表中华传统武术的全貌，更不是中华传统武术的精髓，然而也不可低估武术套路的作用，它是中华传统武术不可分割的一部分。

（二）基础套路训练

本书选定的基础套路为32式冲拳。分为4节，每节1趟，均为直线趟。每趟8式，共4趟，合32式。由著名武术家吴斌楼先生依戚继光32式长拳整编而成，动作舒展，功架规整，步法清晰，节奏明快。该套路无分拳种门派与风格，集体练习或个人练习均可，是武术入门训练的经典套路。

1. 动作图解说明

预备势

身体直立，两脚并拢；两手自然下垂于身体两侧；目视前方。（图9-2-1）

身体保持直立不变，两脚脚尖向外微开，两手握拳收于拳位（即贴于胸部两侧），拳心向上；目视左侧。（图9-2-2）

图9-2-1~
图9-2-62

图9-2-1

图9-2-2

第1节（第1趟）

第1式　马步冲拳

左脚平行向左侧迈出，约与肩平宽成马步；同时，左拳由拳位顺势向左前方打出，高与肩平，拳眼向上；右拳保持拳位不变；目视左拳方向。（图9-2-3）

图9-2-3

第2式　弓步冲拳

身体左转，左拳向左下方由内向外做搂膝动作；左脚脚尖外掰约45°，右脚脚尖随身体左转内扣60°，随即右腿绷直，右脚脚掌扣地成左弓步；同时，左拳收归拳位，拳心向上，右拳同时向前方打出，拳眼向上；目视右拳前方。（图9-2-4、图9-2-5）

图9-2-4 　　　　　　　图9-2-5

第3式　扣腕冲拳

右脚向前上一步；同时，右拳拳心向内、向下扣压敌来拳；随即右拳收归拳位，拳心向上，左拳顺势向前打出，高与肩平，拳眼向上；同时，左腿蹬直成右弓步；目视左拳前方。（图9-2-6）

图9-2-6

第4式　越步冲拳

上左步，左拳向前撑；随即进右步勾踢成右寸腿。（图9-2-7）

右脚落地内扣成马步；同时，左拳回拳位，右拳立拳向右打出；目视右拳。（图9-2-8）

图9-2-7 　　　　图9-2-8

第5式　倒步观花

左腿由右腿后向右倒插步迈出，左脚前脚掌着地；同时，上体向右转动，左拳由拳位向左上方划弧翻起，架于左鬓角上方约20厘米处，拳心向外；右拳收归拳位，拳心向上；目视前行方向。（图9-2-9、图9-2-9附图）

图 9-2-9

图 9-2-9 附图

第6式　翻身劈砸

（1）身体左转成高弓步，左拳扣腕，护胸，右拳从左腕上方向前上方钻打；目视右拳。（图9-2-10）

（2）身体继续向左转；同时，左拳先向左下方划弧挂拳，再向上翻前臂护头护于左太阳穴前上方20cm处；同时，右拳随转自右上向左下劈砸，以身带拳，护于左胯处成左弓步；目视前方。（图9-2-11）

图 9-2-10

图 9-2-11

— 165 —

第7式　上步挑打

接上式，上右步成右弓步；同时，右拳上挑，架于右鬓角斜上方约20cm处，左拳收于拳位后顺势向前打出，拳眼向上，高与肩平；目视左拳前方。（图9-2-12）

图9-2-12

第8式　进步双撞

（1）两拳变掌，平于肩交叉向前插敌肋，右掌在上，左掌在下，掌心向下，掌心微扣，力达十指尖。（图9-2-13）

（2）上左脚并步，脚尖点地，身体微右闪身，两掌在身前分撑，掌心向前，指尖相对；目视前方。（图9-2-14）

图9-2-13 　　　　　　　　图9-2-14

（3）上左步；两掌变拳外撑收于两肋，两拳拳心向上；随即上右步踢右搓腿。（图9-2-15）

（4）右脚落地成右弓步；同时，两拳立拳一起向前撞打，高与肩平；目视前方。（图9-2-16）

图9-2-15　　　　　　　　　　图9-2-16

第2节（第2趟）

第1式　擎天一柱

（1）左拳内扣于胸前，拳心向下，右拳回收，自拳位向上钻打；目视右拳。（图9-2-17）

图9-2-17

（2）身体向左转90°，左脚跟上，两脚并拢；同时，左拳下扣后收于拳位，右臂向上伸直，右拳向上击出，拳面向上；目视左方。（图9-2-18、图9-2-18附图）

图9-2-18 　　　　　　　　图9-2-18附图

第2式　劈砸争拳

（1）身体左转，左脚向左迈出；右拳向前方劈砸，拳眼向上；目视右拳。（图9-2-19）

（2）接上动，身体猛向右转，两腿成马步，左拳顺势由拳位击出，拳眼向上，右拳收于拳位；目视左拳前方。（图9-2-20）

图9-2-19 　　　　　　　　图9-2-20

第3式　右手劈挂

（1）身体左转，右脚向前迈出一步成马步；同时，左拳下落回收后变掌，向左前方划弧一圈收于右肩前；右拳变掌，向前、向下劈掌，落于两腿之间。（图9-2-21）

（2）右腿弓，左腿蹬直成右弓步；同时，两手分开，左手向左后下方挂落，右掌向右前上方挑起；目视右掌。（图9-2-22）

图9-2-21 　　　　　　图9-2-22

第4式　左手劈挂

（1）接上式，右掌向右前方划弧一圈劈下，收于左肩前；左脚向前迈出成半马步；同时，左掌随身体右转向前、向下劈掌，落于两腿之间。（图9-2-23）

（2）左腿弓，右腿蹬直成左弓步；同时，两手分开，右手向右后下方挂落，左掌向左前上方挑起；目视左掌。（图9-2-24）

图9-2-23 　　　　　　图9-2-24

第5式　马步担山

（1）身体向左转90°，右腿向前迈出成马步；右掌向前、向下劈落，左掌向下挂落，两掌变拳交叉于腹前，拳心向内。（图9-2-25）

（2）接上动，两腿保持马步不变；两拳自腹前向上、向两侧劈砸，与肩同高，拳心向前；目视右拳前方。（图9-2-26）

图 9-2-25 　　　　　　　　　图 9-2-26

第6式　搂膝冲拳

（1）身体稍右转，右脚外掰，脚尖内扣15°；左拳收于拳位，右拳向下、向外搂膝，拳心向后。（图9-2-27）

（2）重心前移，左腿绷直成右弓步；右拳回收于右肋，左拳从左肋立拳向前打出，高与肩平；目视前方。（图9-2-28）

图 9-2-27 　　　　　　　　　图 9-2-28

第7式　越步冲拳

（1）上左步，左拳向前撑；随即进右步勾踢右寸腿。（图9-2-29）

（2）右脚落地向左转身成马步；同时，左拳回拳位，右拳向右立拳打出；目视右拳。（图9-2-30）

图 9-2-29　　　　　　　　图 9-2-30

第8式　提步戳丁

身体左转，重心落于右腿，左脚虚，右脚实，成左丁字步；两拳同时向左摔出，左拳拳眼向上，高与肩平；右拳架于右鬓角上方约20cm处，拳眼向下；目视左拳前方。（图9-2-31）

图 9-2-31

第3节（第3趟）

第1式　撤步抱肘

左腿回撤半步，脚尖点地，重心保持在右腿；同时，两拳下落，两肘抱拢收于肋前，两拳拳心向上，左拳在前，右拳在后，掩于左肘内侧；目视前方。（图9-2-32）

图 9-2-32

第2式　左手挑打

接上式，上左步成左弓步；同时，两拳以左拳为领向上钻挑后翻肘，架于右鬓角上方约20cm处；同时，右拳顺势向前立拳打出，拳眼向上，高于肩平；目视右拳。（图9-2-33）

图 9-2-33

第3式　进步挑打

（1）跟右步并脚；同时，两拳滚压护于左肋，两拳拳心向上，左拳拳面顶于右拳拳尾，右拳虎口向前。（图9-2-34）

（2）上右步成右弓步；同时，右拳以前臂向右上方挑架，护于头右上方约20cm处，左拳顺势向前立拳打出，高与肩平；目视前方。（图9-2-35）

图 9-2-34 　　　　　图 9-2-35

第4式　闯步劈砸

（1）接上式，重心后坐成右虚步；同时，两拳向下劈砸，左拳护于右肘内侧；目视前方。（图9-2-36）

（2）右脚向前踏地，左脚跃起做闯步；同时，抱拳护身，右拳前顶。（图9-2-37）

图 9-2-36 　　　　　图 9-2-37

（3）左脚落地后，右脚踢寸腿并向前迈步成右弓步；同时，右拳向右上方挑打，左拳向前方立拳打出，高与肩平；目视前方。（图9-2-38）

图 9-2-38

第5式 舞花挑打

（1）接上式，左腿向前上步；两拳变掌下落交叉于身前，左掌下落至腹前，右掌落于左肩前；目视前方。（图9-2-39）

（2）接上动，两臂、两掌在胸前交叉划弧，左臂在下、右臂在上做一个舞花（即两臂交叉各向两边划一个圈）；同时，两腿屈膝成马步；两掌变拳，左拳扣于左膝外，右拳收于拳位；目视前下方。（图9-2-40）

图 9-2-39　　　　图 9-2-40

（3）接上动，两腿由马步变为左弓步；同时，左拳向头左上方挑打，右拳由拳位向前打出，拳眼朝上，高与肩平，目视右拳。（图9-2-41）

图 9-2-41

第6式　进步跪腿

接上式，右脚向前上步，左腿跟半步屈膝成跪步；同时，两拳回收下落后向两侧分开，随后由两侧上举至两拳拳背相对后同时下落，停于右膝上。（图9-2-42）

第7式　提步飞脚

接上式，身体直起，左腿上提迈步；当左腿即将下落时，右腿蹬地弹跳而起，并向前踢出；同时，两拳变掌，以左掌掌心与右掌掌背在头顶相击后分开，左掌撑于头前，右掌在空中拍击右脚脚面；目视右掌、右脚前方。（图9-2-43）

图 9-2-42 　　　　　　图 9-2-43

第8式　原地双撞

（1）接上式，二起脚落地后成右弓步；同时，两掌交叉，掌心向下。（图9-2-44）

（2）两掌刁手变拳，两拳收至两肋；同时，身体重心后移，提右膝上顶成左金鸡独立。（图9-2-45）

（3）右脚向前落步，左腿蹬直成右弓步；两拳同时向前立拳撞打，高与肩平；目视两拳前方。（图9-2-46）

图9-2-44

图9-2-45 　　　　　　　　　图9-2-46

第4节（第4趟）

第1式　金鸡独立

（1）接上式，身体重心前移，落于右脚；同时，左拳下落掩左肘，右拳收至胸前，拳心向上；目视左拳。（图9-2-47）

图9-2-47

（2）身体左转，左膝提起成右腿独立；同时，左拳扣于左肋部，右拳拳心向上由左腕内侧向上钻出架于右鬓角右上方约20cm处；目视左侧。（图9-2-48、图9-2-48附图）

图9-2-48 　　　　　图9-2-48附图

第2式　金龙倒卧

（1）接上式，左脚外掰下落；右脚向前方迈出，脚尖内扣，身体向左转180°，两腿屈膝成马步；同时，右拳下落拳位后向右前方打出，拳眼向上，高与肩平；目视右拳。（图9-2-49）

（2）接上式，左腿向右腿后侧插步成歇步，左脚脚掌着地；同时，左拳内扣，右拳由胸前下栽后方打出，落于臀部后方，拳心向上；目随视右拳。（图9-2-50）

图9-2-49 　　　　　　　　图9-2-50

第3式　舞龙踅身

（1）接上式，身体向左转180°，两脚随身体转动而自然转动；同时，两臂在胸前交叉各划一个圈；目随视右掌。（图9-2-51）

（2）接上式，左拳内扣于左膝前，右拳收于拳位；目视左前方。（图9-2-52）

图9-2-51 　　　　　　　　图9-2-52

（3）接上式，左腿前弓，右腿蹬直成左弓步；同时，左拳收归拳位，右拳顺势向前打出，拳眼向上；目视右拳。（图9-2-53）

图9-2-53

第4式　侧身斜踢

接上式，重心移至左腿，右拳变掌向左前方掩掌；同时，左拳变掌，自右肘内侧向左上方穿掌，掌心向斜上；右掌继续向右下方勾手；同时，右腿向左前方贴地勾踢，身体左闪；目视右前方。（图9-2-54）

图9-2-54

第5式 刁手搓滑

（1）接上式，身体右转、下沉，震右脚；同时，右勾手变掌向前撩打后，外旋刁腕变拳，左掌抓按右手腕收至右膝上；同时，勾右脚，提膝。（图9-2-55）

图9-2-55

（2）左掌从右腕上向前推至左脚上，右肘后撑；同时，左腿勾脚尖以脚外沿向前下方铲出，挺腰；目视前方。（图9-2-56、图9-2-56附图）

图9-2-56

图9-2-56附图

第6式　翻身劈锤

接上式，上体右转，两腿撑起成马步；左掌变拳收归拳位；同时，右拳以拳背自拳位随转向右侧劈砸，拳心向里；目视右拳前方。（图9-2-57）

图 9-2-57

第7式　进步靠挤

（1）接上式，身体向左转90°，重心落于右腿，左脚外摆90°，脚尖点地成虚步；同时，左拳变掌，立掌掩于胸前，掌心向右，右拳收归拳位；目视左掌前方。（图9-2-58、图9-2-58附图）

图 9-2-58

图 9-2-58附图

（2）身体向左转约180°，右脚向前跃步跨出，左脚随即并步跟上，前脚掌点停于右脚内侧；同时，左掌立掌掩于右肩内侧，身体随左脚的跟进，向右靠挤，右拳同时向右顺势打出，拳眼向上，高与肩平；目视右拳。（图9-2-59）

图9-2-59

第8式　垫步摔锤

接上式，身体向左转180°，重心落于右腿，左脚向左迈出成左虚丁步；两手变拳同时向左侧摔出，左拳拳眼向上，高与肩平，右拳架于右鬓角右上方约20cm处；目视左拳前方。（图9-2-60）

图9-2-60

收势

（1）身体直立；同时，左脚抽步收回，两脚并拢；两手握拳收归拳位；目视左侧。（图9-2-61）

（2）身体直立；两拳变掌，自然放下，贴于身体两侧；目视前方。（图9-2-62）

图 9-2-61　　　　　　　　　图 9-2-62

2. 训练说明

该套拳术动作灵活、舒展大方，可锻炼四肢和增强各关节的灵活度。锻炼时，领气下沉有助于五脏协调和血气调节。该套路姿势分高、中、低三盘，拳法以冲拳为主，同时包括钻拳、劈拳、撞拳、挂拳等各种拳法；步型有弓步、马步、仆步、虚步、倒插步等武术中的主要步型。该套路连贯流畅，注重各种基本拳法的反复练习和变化，同时配合各种步型、步法的变换，重在训练基本功和身体协调性，从而了解身体动作的基本原理和合理性。同时，此拳也具有很好的实用价值，由于整套拳没有横式和斜式，步法整齐、节奏清晰，4节8式分明，十分适合集体操练，是进行成排团体训练及排演、表演的好教材。

对初习者来说，单独练习，是非常活泼、刚劲有力的套路。

在教学中，也可以把整套拳拆分为两趟拳，分两个阶段来进行传授。即将第1节和第2节作为第1趟，将第3节和第4节作为第2趟。前两节16式练完，刚好回到预备势原点，即可收势。

相比较而言，前两节较容易，后两节稍有难度，但是动作均有延续性，故在训练中可酌情安排。

第十章　基础对抗训练

中华武道历来强调"练打结合"，这是大多数中国传统拳术的共同追求。

所谓"练打结合"，通常的理解就是将武道散手对抗技术与中华传统武术套路演练、功力训练等紧密结合并进行系统化训练，以此全面培养和发展习练者的拳艺、武功和搏击对抗、防身自卫能力。"练"与"打"二者在武道中是相互促进、相互成就的关系。其中，"练打结合"中的"打"突出的就是实战技击中的对抗能力。

所谓对抗，即为了自卫求存或搏击竞技，而人与人相搏、相击，力求致人而不致于人的斗技、斗心、斗体能的激烈攻防博弈过程，是对抗双方劲力、方法、战术、意志的一种综合性较量。为了赢得对抗，就必须系统开展"练打结合"的基础对抗训练。

中华武道自古以来都强调对抗训练，在对抗中验证武功真谛，而这也正是中华武道千百年来在实战对抗中得以生存发展、与时俱进的根本基础。何为中华武道对抗训练的基础理念？明朝著名军事家戚继光在《拳经捷要篇》中，曾一言以蔽之："既得艺，必试敌，切不可以胜负为愧为奇，当思何以胜之，何以败之，勉而久试。怯敌还是艺浅，善战必定艺精。古云'艺高人胆大'，信不诬矣。"

武道的对抗形式，包括徒手对抗（有规则搏击和无规则自卫；双人对抗或群斗等）、兵器对抗（如刀、枪、剑、棍对抗）等丰富的形式。

在武道徒手对抗中，利用7个人体主要部位作为攻击武器，名曰"七星"，包括头、手、肘、肩、足、膝、胯。对抗技法则分为"四击"，即踢、打、摔、拿4种击法。踢，就是踢击之法（含膝法）；打，就是各种攻击手法（拳、掌、指法等，含肘法）；摔，则是采用主动贴身摔和防守反击摔（接招摔）两类技法，或以传统武术靠、撞、跌的方式让对手失去平衡倒地的方法；拿，就是以传统的反挫关节、抓筋拿脉、点穴之法，或以地面擒锁技巧，制服、降服、擒捕对手之法。踢、打、摔、拿"四击"共同构成了中华武道全能科学格斗体系。

踢　　打　　摔　　拿

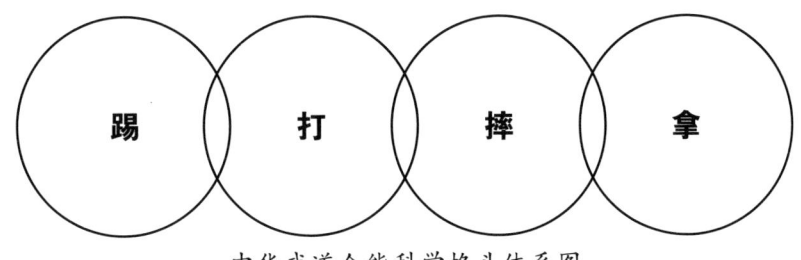

中华武道全能科学格斗体系图

20世纪六七十年代，著名中国武术家、截拳道创始人李小龙打破门派、拳种、规则束缚，将中华武道"四击说"发展为"四个范围说"（击打范围、踢击范围、封打范围、擒摔范围），提出并践行"远踢近打贴身封打擒摔"的交叉训练、无限制全能科学格斗对抗理论，进而在此基础上创立超越时代的现代中华实战武道——截拳道（JEET KUNE DO）。李小龙这一开创性的现代中华武道对抗理论及其"若水"武道哲学，目前已被国际综合格斗界尊奉为指引综合格斗（MMA）交叉训练和实践的共同哲学。

本章概要介绍中华武道踢拳基础对抗技术及基础训练方法。

一、基础警戒式

警戒式，又称摆桩、备战式，现代搏击则称为抱架或格斗式。

在对抗中，所有攻击和防御的起点，或所有攻防反击完成之后必须尽快恢复到终点的姿势都是警戒式。警戒式是对抗中最佳的省力、发力、受力，且平衡灵变的格斗功能性身体结构，是一种富有弹性活力、攻守相济、攻守一体，且无须做出任何调整，可以在任何距离、位置和角度因敌变化，随时做出简单、直接的攻击性反应和效率化行动的格斗姿势。

警戒式既是一种完美遮蔽身体要害的严密、安全的防御姿势，也是一种符合人体生物力学原理、随时能循环输出爆炸性攻击的攻击蓄势。它既能让格斗者身体放松自然，形成不会暴露自身攻防意图的"扑克体"，也能让格斗者始终处于心无所住的"最恰当的精神状态"，以保持流动性的格斗态势洞察和全然的觉知。在警戒式自然、放松而舒适的身心状态之下，格斗者能"随心所欲不逾矩"地应对实战万变。

欲成为格斗高手，首先必须学习、掌握正确规范的警戒式，其次要经历一技万练、实战淬炼，将其内化为真正属于自己的后天科学格斗本能，以及高效精准的身体表达直觉。

警戒式，一般包括左侧或右侧身体置前的两种基础姿势。本章介绍的是强侧置前，即将大部分人相对更为强力和灵活的右侧（右拳、右腿），置于格斗前锋位置的警戒姿势。强侧置前姿势，相对更适用于近取要害的无限制自卫格斗的应用，特此说明。

在掌握强侧置前警戒式之后，还需要花相同的时间，磨炼另一侧的置前警戒式，做到左右兼练、兼用，自由转换，以形成全面多变的技战术优势。

技术方法

（1）两脚前后分开，略宽于肩，躯干和两脚自然侧转，侧身而立，尽量减少暴露身体要害面；前脚脚尖与后脚足弓在一条直线上，鼻尖、拳尖、脚尖，三尖相照。

（2）前脚略内扣，呈25°~30°角，后脚呈45°角，脚后跟跐起如活塞，双膝微屈如弹簧，身体重心保持在两脚之间。

（3）前拳虚握，拳面沿鼻尖方向，瞄准指向前方想象对手的下巴位置。前手肘肘尖向下，贴近肋骨，遮护身体右侧要害。

（4）后手肘肘尖向下，屈臂护体，后手成掌护于中线。

（5）下颌自然微收，如在胸骨上轻轻夹住一个乒乓球般。要有前肩遮护下巴的防护意识。

图 10-1-1~
图 10-1-4

（6）身心放松，面无表情如"扑克脸"，双眼平视前方。（图 10-1-1~图 10-1-4）

图 10-1-1

图 10-1-2 　　　　　　　图 10-1-3 　　　　　　　图 10-1-4

二、基础步法

格斗是移动的艺术。

优异的步法，既是让格斗者拥有优异的灵活性和机动性的保证，也是让格斗高手掌控对抗空间、时机和节奏，夺取对抗优势，克敌制胜的不二法宝。步法在格斗对抗中得到充分重视和应用，是人类格斗由原始的野蛮对撞互殴的时代，进化到"善战者，致人而不致于人""打人而不被打"的智慧格斗时代的标志。

简捷、轻盈、精准，富有活力的步法移动，可以让你始终在动态中保持良好的平衡，让动作变得流畅、省力，让斗心变得警觉而专注；可以让你走位飘忽，形影莫测，节奏百变，成为对手难以捕捉的目标；可以让你的防御更富效率，在移动中精准的寻角占位，守中寓攻，随时发动凌厉刁钻的反击；可以让你自如地穿越格斗间距打进打出，防不胜防，让你的攻击更快、更准、更劲，更有欺骗性、爆炸性和穿透性。

武谚有云："教拳不教步，教步打师傅。"高超精妙的步法，可以帮助你在无限制格斗中，超越体重、身高，面对任何对手，以"精准战胜力量，时机战胜速度"，成为对抗中的无可触碰者、无可防御者。李小龙截拳道亲传弟子黄锦铭曾言："请不要以为我的说法夸张，截拳道的一切取决于步法。"个中道理，同样适用于所有在运动中进行的人类格斗对抗。

顶级格斗高手都拥有极好的步法和优秀的动态平衡感。如何成为一个如水适应的格斗高手？

步法！步法！还是步法！

（一）滑步

滑步分为前滑步、后滑步，是对抗中利用短小步幅，微妙调整双方格斗间距和位置，以及配合各种拳法在前进中发动攻击，或在后退中防御或反击的一种常用基础步法。

滑步应使两脚脚掌如同滑冰一样轻盈地贴地平滑，不可跃动造成重心起伏。在滑步完成后，应立即恢复警戒式，两脚仍保持相同前后间距，重心仍在两脚之间。

1. 前滑步

（1）警戒式开始，后脚向前蹬地，前脚向前滑进一步。（图10-2-1、图10-2-2）

（2）后脚随即跟进一步，恢复警戒式。（图10-2-3）

图10-2-1~
图10-2-27

图10-2-1

图10-2-2 　　　　　　　　　　　图10-2-3

2. 后滑步

（1）警戒式开始，前脚向后蹬地，后脚向后滑退一步。（图10-2-4、图10-2-5）

（2）前脚随即滑退一步，恢复警戒式。（图10-2-6）

图 10-2-4

图 10-2-5

图 10-2-6

（二）侧步

侧步，即向侧面敏捷轻快地移动，是一项关键步法技能。侧步和滑步的前后左右4个方向的十字移动步法是格斗者首先熟练掌握的最基础的步法，其他各种步法，无非是建立在侧步和滑步之上的变式。

侧步包括左侧步和右侧步。作为一种重要的战术性移动技能，当它与闪避相结合，可以轻松实现安全防御。如果用于封堵对手的移动范围，可最大限度地给对手制造压力。当它配合各种手法、踢法灵活应用时，能在一步闪出对手的视线和攻击范围之外，在错开对手的防御或攻击路线的同时，为自己创造良好的攻击或反击的角度和时机。

侧步移动时，应特别注意动作平衡，侧滑脚着地时，应以脚掌外缘先着地。其他基本要领和注意事项可参考滑步，二者区别主要是移动方向不同。

1. 左侧步

（1）警戒式开始，前脚侧向蹬地，后脚向左侧贴地横移一步。（图10-2-7、图10-2-8）

（2）前脚随即横向跟进一步，恢复警戒式。（图10-2-9）

图 10-2-7

图 10-2-8

图 10-2-9

2. 右侧步

（1）警戒式开始，后脚侧向蹬地，前脚向右侧贴地横移一步。（图10-2-10、图10-2-11）

图10-2-10

图10-2-11

（2）后脚随即横向跟进一步，恢复警戒式。（图10-2-12）

图10-2-12

(三) 拖步

拖步, 在中国武术散打中又称为垫步, 分为前拖步和后拖步。

拖步, 是一种能优雅、流畅地瞬间直线穿越一段较长距离的快速前进或后退的移动步法。前拖步虽然可以配合拳法出击, 但通常用于配合踢击; 后拖步, 常常在对方向前发动渗透性攻势时, 直接快速后退防御或在快速后退过程中, 配合出拳反击等。无论攻击还是防御, 拖步都具有很重要的战术应用价值。

用拖步对付放长击远的侧踢, 是一种针对性的实效防御步法, 它不仅可以快速闪出侧踢的攻击距离, 也可以通过良好的平衡控制获得即时的反击空间和蓄势。拖步的变式, 就是在对抗中有高频率应用的钟摆步法。

1. 前拖步

(1) 警戒式开始, 后脚快速贴地向前拖滑, 用后脚触碰前脚。(图10-2-13、图10-2-14)

(2) 当后脚触碰到前脚的瞬间, 前脚立即向前快速平滑而出。后脚替代前脚站位, 两脚自然分开, 恢复警戒式。(图10-2-15)

图10-2-13

图10-2-14

图10-2-15

2. 后拖步

（1）警戒式开始，前脚快速贴地向后拖滑，用前脚触碰后脚。（图 10-2-16、图 10-2-17）

图 10-2-16

图 10-2-17

（2）当前脚触碰到后脚的瞬间，后脚立即快速直线后退。前脚替代后脚站位，两脚自然分开，恢复警戒式。（图 10-2-18）

图 10-2-18

（四）轴转步

轴转步分为前脚轴转步和后脚轴转步。虽然轴转步迈出的第一步类似侧步，但当全部动作完成时，配合身体和另一脚的同步、同向旋转，将瞬间改变面向对手的角度（轴转角度通常在30°~90°），从而制造敌背我顺的攻防角度和时机。

轴转步在对抗中的应用频率极高，属于中级进阶步法，不仅广泛应用于避实就虚的变角度防御，也大量应用于配合攻击或反击时变角度的踢打。

1. 前脚轴转步

警戒式开始，前脚横向右侧移一步，落步以前脚脚掌为支点；同时，以腰胯带动上体逆时针快速小幅度转体，后脚顺势弧线滑转约45°，恢复警戒式。（图10-2-19~图10-2-21）

图10-2-19

图10-2-20

图10-2-21

2. 后脚轴转步

警戒式开始，后脚横向左侧移一步，落步以前脚脚掌为支点；同时，以腰胯带动上体顺时针快速小幅度转体，前脚顺势小弧度旋转，恢复警戒式。（图 10-2-22~图 10-2-24）

图 10-2-22

图 10-2-23

图 10-2-24

（五）步法基础对练

步法基础对练，可以迅速有效地提高对练双方的步法技巧，培养距离感和控距意识，同时有助于双方将所学步法技术在由易到难、由简到繁，在不断组合、变向、变奏的互动控距移动中，逐步进化成像水一样流动且富有实战意义的战术性移动技能。

入门步法对练，首先与同伴控制好安全距离，各以警戒式相对而立，确定一人为主动方，另一人为被动方。当发现主动方向前移动时，被动方就要采用同一种步法反向后退，反之亦然。如此采用所学单一步法动作进行反复对练，然后双方交换练习。（图10-2-25~图10-2-27）

图10-2-25

图10-2-26　　　　　　　　　图10-2-27

熟练后，主动方可变化采用连续步法移动，被动方应快速反应并对应作出正确的连续步法移动。主动方最初可采用相对固定节奏进行，在水平提高后，可以在移动中突然变化动作节奏，或快或慢，或突然加速冲击等无规则节奏，进行对练引导，以渐增步法对练的难度。如此循序渐进，由易到难。

无论如何移动，双方始终要保持动态平衡及良好的警戒姿势，控制好安全距离，保持弹性轻盈的步法移动状态。

为了提升训练乐趣，培养节奏感，在训练时可以配合播放节奏感较强的动感音乐。如果要增进步法弹性活力和腿脚专项耐力，可以配合进行跳绳、跑步、敏捷梯等辅助性训练。诸如踩脚、斗鸡、拍肩等游戏性练习法，既能活跃训练气氛，也能有效贴近实战的距离感，以及战术性移动的快速反应、变向能力。

三、基础拳法

拳法，即使用拳头进行攻击的技法。主要有直线形拳法、弧线形拳法两大类，握拳方法主要包括立拳（日字拳）和平拳。（图10-3-1、图10-3-2）

基于人体上肢的高度灵活性，出拳时身体结构的相对稳定性，拳法是中华武道踢、打、摔、拿"四击"中，应用频率、攻击效率最高，且最为多变难防的攻击技法。

图 10-3-1

如果要打出快速的一拳，必须懂得放松；如果要输出重击，则取决于击打速度、重心转移、肩髋一体旋转，以及对于攻击距离、时机和目标的精准把握。

（一）直冲捶

直冲捶，又称直拳，是一种实战中应用频率、命中率极高，直线出击的主力攻击拳法，分为前手直冲和后手直冲。

正所谓两点之间直线最短，在对抗中，直击的直冲捶不仅速度快、突发性强、变化多端，更有一拳击倒对手的威力，主要用于攻击头部和身体。在

图 10-3-2

战术应用上,直冲捶可广泛应用于欺敌诱敌、袭扰控距、引导攻击、组合攻击,以及反击和攻势防御中。可以说,掌握好直冲捶,你就拥有了一件足以掌控格斗间距和格斗节奏的强力武器,在所有拳法中,其重要性是无可替代的。

1. 前手直冲捶

(1)警戒式开始,以鼻尖正前方为导向,肘部推动,前手立拳领先,直线向前无预动出击。(图10-3-3、图10-3-4)

图10-3-3~
图10-3-20

图 10-3-3

图 10-3-4

(2)随即后脚蹬地,重心前移至前脚,上体快速逆时针旋转,肩催肘、肘催拳,以拳头下部3个指节击打接触目标;呼气发力,右侧拳、肘、肩瞬间形成直线发力结构;后手护头,肩护下颌。(图10-3-5)

(3)动作完成,出击拳迅速原路收回,恢复警戒式。

图 10-3-5

2. 后手直冲捶

（1）警戒式开始，以鼻尖正前方为导向，肘部推动，后手立拳领先，直线向前无预动出击。（图10-3-6、图10-3-7）

（2）随即后脚蹬地，前脚侧开一步，重心落于前脚，上体快速顺时针旋转，肩催肘、肘催拳，击中目标的瞬间快速旋转拳头以平拳击打；呼气发力，前手后拉护头，肩护下颌。（图10-3-8、图10-3-8附图）

（3）动作完成，出击拳迅速原路收回，恢复警戒式。

图 10-3-6 　　　　　　图 10-3-7

图 10-3-8 　　　　　　图 10-3-8附图

3. 步法配合

在快速移动的对抗中，要想始终保持良好的动态平衡和发力架构，能从任何距离、位置和角度，无须做出任何调整，随时发动快、准、劲、变的攻击，就必须在掌握基本攻击技术后，结合所学步法进行大量拳步一体的入门和进阶整合训练，以培养正确、精准的移动出击的身体肌肉记忆，以及对于双方格斗距离、站位、角度、目标的瞬间阅读和直觉感知、判断能力。

一个简单的攻击技术，一旦和各种步法有机结合，就能获得更多的攻击距离、角度、时机和节奏变化，成为战术灵动的、有生命活力的实战技能。

限于篇幅，以下范例具体配步练习说明与图解均省略。

4. 直冲捶组合范例

（1）两动基础组合范例：前手直冲+后手直冲。（图10-3-9~图10-3-12）

图 10-3-9

图 10-3-10

图 10-3-11

图 10-3-12

第十章 基础对抗训练

（2）三动基础组合范例：前手直冲+后手直冲+前手直冲。（图10-3-13~图10-3-16）

图10-3-13

图10-3-14

图10-3-15

图10-3-16

5. 直冲捶实战范例

（1）对方向前挥动后手大摆拳发动袭击，我方以前手直冲半路截击。（图 10-3-17、图 10-3-18）

图 10-3-17

图 10-3-18

（2）我方侧步闪躲对方后手直冲攻击；同时，中位直冲反击对方身体。（图 10-3-19、图 10-3-20）

图 10-3-19

图 10-3-20

（二）挂捶

挂捶，在蔡李佛拳、截拳道、螳螂拳等中华武道中是一种以鞭击快打和刁钻多变为特色的基本攻击拳法。其几乎既能从任何高度和位置隐蔽突击，也能从任何角度神出鬼没地打入，其防御难度大，实用性极强，是中华武道最具特色的实战拳法之一，主要用来攻击头面部（太阳穴、鼻梁）和裆部目标。如果配合擸手、拍手封打，加上极快的速度冲击，足以产生令人眩晕的重击效果。

挂捶属弧线型攻击拳法，多采用前手快打突击，实战应用场景极广，具有骚扰、掩护、引导、隐蔽突击、组合攻击等战术性作用。

1. 前手挂捶

警戒式开始，前臂肘尖向下直线前移，以肘为轴，前手立拳从左至右、从下至上，走小弧度半圆路线领先动作；随即后脚蹬地，重心移至前脚，上体逆时针转体，前肩前送，在几乎直臂击打到目标的瞬间，前手手腕向右立拳抖腕，以拳峰骨节快速抽击；呼气发力；后手护头或配合拍手封打。（图10-3-21、图10-3-22、图10-3-22附图）

图10-3-21~
图10-3-26

图10-3-21

图10-3-22

图10-3-22附图

2. 挂捶实战范例

（1）双方对峙，当对方预动意图攻击，我方突发挂捶，截打破势。（图10-3-23、图10-3-24）

（2）我方低位直冲攻击对方低位目标，对方格挡，我方后手封拍其前臂；同时，高位挂捶攻击其头部目标。（图10-3-25、图10-3-26）

图10-3-23 　　　　图10-3-24

图10-3-25

图10-3-26

（三）勾捶

勾捶是一种从外向内弧线出击的近距离攻击拳法，分为前手勾捶和后手勾捶。

图 10-3-27~
图 10-3-37

勾捶往往从视线之外侧面打入，对抗中稍有松懈，极易受创。此拳屈臂状似铁钩，短快、强力，是一种极佳的反击和组合、补充打击手段，应用频率高，杀伤力大。

勾捶主要借助身体旋转、重心转移带动手臂击打，瞄准对方下颌的"击倒开关"，往往有一拳击倒之功效。如果能配合前后、左右、轴转步法，结合其他拳攻技巧，从不同角度、距离灵活施展，勾捶将成为对抗中令人忌惮、难以防范的拳法"绝招"。

1. 前手勾捶

（1）警戒式开始，重心移至后脚，稳固支撑，前脚脚跟跷起外旋，配合上体快速逆时针旋转，带动前臂肘尖向外抬至水平位置，屈臂约90°。（图10-3-27、图10-3-28）

图 10-3-27

图 10-3-28

（2）肩部放松，以身带拳，前手立拳由外向内小幅度弧线鞭击式勾击目标，力达拳峰；呼气发力；在击中目标的瞬间，拳稍打过中线，前臂、肘部和立拳面呈一直线垂直于目标；同时，后手护于下颌。（图10-3-29、图10-3-29附图、图10-3-30）

图 10-3-29 　　　　　图 10-3-29 附图 　　　　　图 10-3-30

（3）动作完成，前臂沉肘，按原路线快速收拳，恢复警戒式。

2. 后手勾捶

（1）警戒式开始，后手立拳小角度向左前方领先动作。（图10-3-31、图10-3-32）

图 10-3-31 　　　　　图 10-3-32

（2）后脚蹬地，重心前移；同时，前脚向右前方移一步，上体顺时针快速旋转，带动后臂屈肘约90°由左向右小弧线立拳快速鞭打水平勾击目标，力达拳峰；呼气发力；在击中目标的瞬间，拳稍打过中线以产生穿透劲力；同时，后手护于下颌。（图10-3-33、图10-3-33附图）

（3）动作完成，前臂沉肘，按原路线快速收拳，恢复警戒式。

图10-3-33 　　　　　图10-3-33附图

3. 勾捶实战范例

（1）我方以中位前手直冲佯攻，引导对方下拍防御，我方立即变式，以前手高位勾捶攻击对方下颌。（图10-3-34、图10-3-35）

图10-3-34 　　　　　图10-3-35

（2）对方趋前发动勾捶攻击，我方摇闪防御；同时，中位勾捶反击；随后前手勾捶攻击对方头部。（图10-3-36、图10-3-37）

图10-3-36　　　　　　　　　　　　图10-3-37

四、基础踢法

"手是两扇门，全靠脚打人"。这个"脚"，虽然有以步打人之寓意，但更突出踢、打、摔、拿"四击"中踢法的重要性。踢法，毫无疑问是中华武道格斗武器库中至关重要的攻击技术组成部分。

一般而言，腿比手臂更长，若距离和时机掌控精准，踢击比拳击杀伤力更大，攻击的距离更远。一个不懂得防御踢法的拳击手，他大腿以下的目标非常容易受到攻击。即使那些熟悉踢击的职业选手，很多时候面对大腿以下的踢击，也深感防御无力。因此，在截拳道、散打中，经常会看到格斗者采用踢法来实施截击，以踢破拳，以长制短，以直破弧。而在综合格斗赛场上，各种针对对手膝关节、胫骨的低位踢击，更是得到大量应用。

踢法在各种距离都能用到，比如中华武道中各种步中带踢的近身暗腿攻击技巧，但踢法更多应用于远距离攻击，以发挥其"一寸长，一寸强"的攻击优势。同时，踢法相对拳法的攻击范围更广，高、中、低位均可攻击，攻击角度也是上下、左

图10-4-1~
图10-4-23

右、对角、直线弧线全部涵盖，其对抗实用价值不言而喻。

踢法的劣势，在于"起腿半边空"。要想练好踢法，必须拥有强大的核心力量，要充分与步法、拳法结合如一，练到在任何情况下都能控制好身体平衡的本领，这样，无论在前进后退还是左右迂回的各种动态运动中，都能抢在对手防御之前，隐蔽自如地起腿突击对手高、中、低位任何目标，同时又能让对手抓不住你的出腿破绽。

李小龙说，要"像打拳击一样出腿"，要练到"腿如手般灵活，手似腿般强劲"，这是中华武道高手应该努力追求的踢、拳实战致用的理想境界。

1967年左右，李小龙指导2.16m的前NBA巨星"天勾"贾巴尔练习侧踢

（一）前踢

前踢是最接近人类本能踢击的一种踢法，其可正面直接踢出，利用膝关节弹抖鞭打发力，从下至上踢击，低攻胫骨，中攻裆部、腹部，高攻下颌，实用性很强。在战术应用上，既可作为第一踢，引导组合攻击，也可在手法掩护下发动主动攻击，往往令对手难以防范。

在现实生活中，前踢是简单易学易用的踢击要害杀招，但仅适用于正当防卫，切忌滥用。本章主要介绍常用的前脚前踢。

1. 前脚前踢

（1）警戒式开始，后脚拖步向前。（图10-4-1、图10-4-2）

（2）在后脚碰到前脚的瞬间，前腿快速提膝，逆时针快速拧转髋部，以膝为轴，小腿快速由下至上、向前弹踢，呼气发力，力达脚背；同时，两手保持防护姿势。（图10-4-3）

（3）动作完成，快速原路返回，恢复警戒式。

图 10-4-1

图 10-4-2

图 10-4-3

2. 前脚前踢实战范例

（1）双方对峙，我方前手挂捶攻击对方头部，虚虚实实同时封挡其视线，前脚前踢攻击对方裆部。（图 10-4-4、图 10-4-5）

图 10-4-4

图 10-4-5

（2）对方近距离纠缠攻击，我方直接原地起腿前踢其低位要害。（图10-4-6）

图10-4-6

（二）勾踢

勾踢是充分利用速度达成冲击力度，能证明速度即威力的一种鞭打式弧线踢法。虽然勾踢分为前脚勾踢和后脚勾踢，但主要以更靠近前锋目标的前腿施展，以近取对方要害。

勾踢在散打中称为鞭腿，是截拳道和散打中最常用的基础踢法，在侧身警戒式基础上施展，无须过多改变体姿、移动重心即可快速起踢，又能快速回收，因此，是一种能与拳法流畅组合应用的最佳攻击踢法之一。

勾踢适用于中、远距离，攻击着力点可以是脚尖（穿鞋情况下）、脚背、虎趾（前脚掌）甚至胫骨部位。在自卫应用时，勾踢主要踢击低位和中位目标，以确保平衡、安全的踢击；在擂台搏击应用时，则高、中、低位皆可自由应用，甚至很多时候选手喜欢以对方腰部以上部位作为攻击目标。在擂台禁踢脆弱要害的规则下，选手们勾踢高位攻击头部，往往有机会一踢击倒对手。

1. 前脚勾踢

（1）警戒式开始，后脚拖步移向前脚位置，在后脚替代前脚位置的瞬间，前腿迅速提膝，膝尖指向前方，小腿放松下垂与地面约成45°，重心完全落在支撑脚上。（图10-4-7~图10-4-9）

第十章 基础对抗训练

图 10-4-7

图 10-4-8

图 10-4-9

（2）以支撑脚前脚掌为轴脚跟内转，配合上体逆时针快速转髋踢击，以膝为轴，大腿催小腿像鞭子一样快速弹抖抽击目标，力达脚背；呼气发力；踢击完成的瞬间，攻击脚、膝、肩部形成一直线；两手保持防护姿势。（图10-4-10）

（3）动作完成，快速屈膝原路线回收，恢复警戒式。

图 10-4-10

2. 前脚勾踢实战范例

（1）双方对峙，对方趋前直冲捶攻击我方头部，我方原地转肩闪躲；同时，前脚勾踢对方低位目标。（图10-4-11、图10-4-12）

图 10-4-11

图 10-4-12

（2）我方上步前手直冲捶攻击对方头部，后脚迅速拖步向前，前脚勾踢对方头部。（图10-4-13、图10-4-14）

图 10-4-13

图 10-4-14

（三）侧踢

在中国武道武器库中，侧踢是既有踢击速度，又有重击力度，更有攻击长度（攻击距离最远）的一种全能型攻击踢法。它高可攻击头部，中可攻击身体，低可攻击下肢。比如以前脚低位侧踢隐蔽快踢对手膝关节或胫骨，它完全可以像勾踢一样，无须改变体姿即可简单直接、快速敏捷地无预动起腿，以最长"武器"，走最短路线，攻击最近目标——在对手察觉之前突入对手防御圈，放长击远，破势制敌。

李小龙曾说，前脚侧踢的作用，就像拳击中"左拳控天下"的前手刺拳一样，不仅具有引导攻击、直接杀伤、佯攻等战术性作用，更具有掌控距离、掌控节奏、掌控格斗局势的战略性、体系化应用主导价值，但侧踢的这种巨大的实战应用价值，却长期以来被人们所忽视。直到李小龙在综合格斗界的学习者，如UFC传奇冠军"蜘蛛人"安德森·席尔瓦、"嘴炮"康纳·麦格雷戈、"骨头"乔恩·琼斯等，在UFC八角笼内，重新展现其实战效用并引发技术潮流后，才有所改观。

可以说，拳法重点练好前手直冲捶，踢法重点练好前脚侧踢，就足以应付大部分对抗场景，再结合步法，以及其他踢拳、擒摔攻击技术，系统化整合精炼，将拥有具有适应性、效率性、控制性，乃至统治性的全能科学格斗体系。

1. 前脚侧踢

（1）警戒式开始，后脚拖步移向前脚位置，后脚替代前脚位置的瞬间，前脚快速提膝。（图10-4-15、图10-4-16）

图 10-4-15　　　　　图 10-4-16

（2）以支撑脚前脚掌为轴支撑，脚跟内旋至脚尖朝后；同时，上体逆时针迅猛拧腰、转髋、送胯，前腿翻膝、翻小腿，大腿催小腿直线伸展踢出，力达全脚脚掌；呼气发力；在踢击完成的瞬间，脚、膝和肩部形成一直线，上体适当后倒，后手保持防护姿势。（图10-4-17）

（3）迅速屈膝回收小腿，原路线恢复警戒式。

图 10-4-17

2. 前脚侧踢实战范例

（1）双方对峙，我方以前脚前踢攻击对方，对方后拖步闪开，欲趋前出拳反击，我方直接以前脚低位侧踢截击其膝关节，以攻止攻。（图10-4-18~图10-4-20）

图 10-4-18  图 10-4-19

图 10-4-20

（2）我方滑步向前，以前手挂捶快攻对方头部，重心落在前脚；同时，掩护后脚偷步向前；不停，我方趁对方后退，后脚落步；同时，前脚侧踢对方身体。两动一气呵成。（图 10-4-21、图 10-4-22）

图 10-4-21

图 10-4-22

— 217 —

（3）对方起后脚弧线踢击，我方直接以前脚侧踢截击其身体，以攻止攻。（图10-4-23）

图10-4-23

五、基础防御技法

有攻必有防，攻防构成了格斗对抗最基础的技战术元素。被攻击者防御中或防御后，必然会伴随反击，攻击、防御、反击，循环往复、变化无穷，因此，形成了格斗对抗特有的规律、活力和魅力。

图10-5-1~
图10-5-11

有人说，学习防御，就是学习在对抗中如何不被打，这种说法不完全对。因为在对抗中从来就不存在单纯的攻击或纯粹的防御，因此，无论是学习攻击技术还是防御技术，都必须具有攻中寓守、守中寓攻的整体攻防意识，并贯彻在所有的攻击或防御技法训练中，这样你所掌握的攻击或防御技法，才具有整体的战术价值和实战意义。

一般来说，基础防御技法包括阻挡防御技法、格挡防御技法、闪躲防御技法和步法防御技法4种。限于篇幅，本章仅做防御技法名称介绍和范例演示。

（一）阻挡防御技法

阻挡防御技法，往往是在近身距离来不及防御对手攻击，或者无法精确判断对手攻击的瞬间，利用身体不易损伤的部位，屈臂、提肩或提膝，形成坚固防御面，挡在对手攻击路线上，遮护住自身被攻击目标的一种被动防御方式。

所谓"不招不架只有一下，犯了招架就是十下"。阻挡防御毫无疑问是一种相对低效，不被提倡，且易陷入对拼、缠斗甚至被动挨打困境的防御方法。但在街头或者巷角某些防不胜防的紧急时刻，或者对于那些习惯在擂台上打阵地战、喜欢拼拳换腿的格斗者而言，这种防御技法又有它实用的一面，需要根据实际情况应对和训练。

1. 正面肘盾阻挡防御后手直冲捶

当对方迎面以后手直拳击打我方头部时，我方立即以前锋手臂于正面中线折臂屈肘（类传武虎抱头技），肘尖朝前以肘部和前臂封挡对方来拳路线，形成肘盾防护面阻挡防御。此技有防中寓攻之效，如对方拳头直接打在我方肘尖上，大概率会造成损伤。（图10-5-1）

图10-5-1

2. 侧面肘盾阻挡防御勾捶

当对方从侧面突发勾捶弧线重击，而我方来不及采用其他防御技术时，可以迅速折臂屈肘紧贴耳朵形成肘盾，挡在对方攻击路线上，前臂和肱二头肌之间尽量保持紧密，并在对方重击接触的瞬间，将手臂和全身紧张起来形成牢固的阻挡防御。防御成功，我方应迅速战术性机动转移或迅速发动反击。（图10-5-2）

图10-5-2

图10-5-3

3. 提膝阻挡防御勾踢

当对方发动勾踢或扫踢时，我方以35°角迅速提前膝，用胫骨正面部位抵挡对方的勾踢，形成提膝阻挡防御。防御时，应同时保持积极的反击意识。（图10-5-3）

（二）格挡防御技法

用手掌、前臂、勾手，拳捶拍击、格架、砸打或勾拔等方式，让对手来拳、踢腿偏离攻击路线、改变攻击方向的防御技法均属于格挡防御技法。应用此法需要有精准的判断和敏捷有力的动作，运用得当，可以通过引控对手重心、破坏对手体姿、占据优势位置，造成空挡，为自己创造有利的反击机会。

1. 正面底掌砸击防御前踢

当对方正面由下至上以前踢发动攻击时，我方迅速以前锋手成掌用掌底部位向下拍砸对方踢击脚的脚面，在创伤对方脚面的同时完成格挡防御。防御时，应同时保持积极的反击意识。（图10-5-4）

2. 拍击防御直冲捶

拍击是格挡防御的主要技法，当对方以前手直冲捶直线攻击时，我方立即后手成掌，以掌心部位横向拍击对方手臂或手腕，将对方攻击手臂从攻击线路上拍挡开。防御时，应同时保持积极的反击意识。（图10-5-5）

图10-5-4

图10-5-5

3. 外侧挂挡防御侧踢

面对对方正面直线的侧踢攻击，我方可由上向下、向外挂挡对方脚腕或小腿部位，迫使对方攻击腿偏离攻击路线，达成防御目的。有时，格挡手也可屈掌成勾，顺势勾带对方脚腕，形成接腿摔，或者顺势勾带，迫使对方失去平衡，以利后续战术性反击。（图10-5-6）

图 10-5-6

(三) 闪躲防御技法

闪躲防御是指利用身法或配合脚下移动等闪避动作，让自己的头部或身体闪开对手攻击路线，进而占据有力反击位置的高效防御技法。闪躲防御在中西实战武技体系中，都堪称上乘的防御技法。敏捷小巧的寸间闪转，不仅可以造成对手不断误击和打空，消耗其体能，打击其自信，也可以让自己在闪躲中寻找有利的反击位置和角度，随时利用空出来的双拳和腿脚，对对手实施凌厉的反击。

1. 转肩闪防御高位勾踢

当对方试图以高位勾踢攻击我方头部时，我方前脚脚跟碾转，前肩略侧转至与后肩成一条直线；同时，迅速将重心移至后脚，头部随身后移，闪开对方的攻击路线，完成防御。此时，前臂应屈肘护住身体，前肩侧转略提护住下巴，后手护在脸侧，目视对方，保持严密的封装式防御姿态，应同时保持积极的发动反击的意识。（图10-5-7）

图 10-5-7

2. 侧闪防御直冲捶

对方发动前手直冲捶攻击我方头部时，我方后脚向侧面侧步；同时，头随势侧闪至对手攻击手臂外侧，重心落在后脚，前脚跐起，随时准备采用拳、脚反击。（图10-5-8）

3. 摇闪防御勾捶

摇闪是防御对方弧线形拳法攻击头部高位目标时的常用实效防御技术。当对方挥出后手勾捶或大摆拳攻击时，我方屈膝迅速下潜；同时，前脚侧向迈出一步，头和身体顺势由里向外划出一个U或V字型，干脆利落地闪至对手攻击手臂外侧。摇闪同时或闪避之后，两拳可以自由地发动凌厉反击。（图10-5-9）

图 10-5-8

图 10-5-9

（四）步法防御技法

利用步法轻盈、快速地移动，拉开与对手的适当间距，或闪出对手的攻击火力范围，从而达到防御目的，是一种省力且相对安全的高效防御方法，特别适用于那些头脑清醒、机动性好的控距型和防御反击型格斗者应用。在自卫格斗中，也是最佳的自我防御选择。

步法防御技法拥有众多的战术优点，在没有做好防御反击准备，特别是在不了解对手情况或身处比较复杂的格斗环境下，它的防御安全系数最高，具有较好的格斗自控主动权，能帮助自己始终保持良好的距离控制，避免陷入近身缠斗或对拼，同时不受任何限制的双手双脚，随时能投入快速凌厉的反击中。

1. 后滑步防御前手直冲

当对方趋前以前手直冲攻击我方头部目标时，我方根据对方前冲距离，后脚随机向后滑撤半步，或整体滑步后撤一步，通过步法移动拉开距离，实现防御。要求向后滑步防御恰到好处，仅需让头后移退闪至对方直臂伸展的攻击拳头的数厘米之外，以利随时趋前发动即时反击。（图 10-5-10）

图 10-5-10

2. 后拖步防御拖步前脚侧踢

当对方采用迅猛的拖步发动渗透性前脚侧踢时，我方前脚快速向后拖步或钟摆步闪开对方的侧踢攻击。要求退步距离恰到好处，不即不离，以利于迅速发动反击，或随机采取后续战术性行动。（图 10-5-11）

图 10-5-11

六、基础对抗训练法

（一）基础手靶训练法

图 10-6-1~
图 10-6-29

手靶，是现代搏击中最为流行、最贴近实战对抗的实用辅助训练器材和训练方式。手靶示靶灵活，可以通过固定靶、反应靶、移动引靶、实战模拟靶等各种出靶方式，围绕进攻、防御和反击3个方面，从不同距离、角度和方位，由易到难、由单一到组合地引导练习者循序渐进地进行技战术的科学整合训练，不仅能提高技术的精确性以及动作速度、反应速度、动态平衡能力，逐步发展组合技术的衔接与综合应用技能，还能锻炼和提高习练者至关重要的距离感、时机感、节奏感，以及攻击、防御和反击意识。

手靶训练越贴近实战基本规律和基本要求，就越能提高习练者的实战综合应用能力。以下介绍几个主要的基础手靶训练方法。

1. 单一的拳法和踢法手靶训练

（1）直冲捶手靶练习。（图 10-6-1）

（2）前踢手靶练习。（图 10-6-2）

图 10-6-1

图 10-6-2

2. 组合拳法手靶训练

（1）左右直冲一二连击手靶训练。（图10-6-3、图10-6-4）

（2）前手勾捶+前手挂捶+后手直冲手靶训练。（图10-6-5~图10-6-7）

图 10-6-3

图 10-6-4

图 10-6-5

图 10-6-6

图 10-6-7

3. 组合踢法和组合踢拳训练

（1）前脚前踢+前脚高位勾踢手靶训练。（图10-6-8、图10-6-9）

（2）前手挂捶+前脚中位侧踢手靶训练。（图10-6-10、图10-6-11）

图 10-6-8

图 10-6-9

图 10-6-10

图 10-6-11

4. 攻防手靶训练

（1）后手直冲击靶+阻挡防御手靶训练。（图10-6-12、图10-6-13）

（2）前脚低位勾踢手靶+拖步防御侧踢攻击训练。（图10-6-14、图10-6-15）

图 10-6-12

图 10-6-13

图 10-6-14

图 10-6-15

5. 攻防反击手靶训练

（1）前手直冲击靶+后滑撤闪防御+后手直冲反击手靶训练。（图10-6-16~图10-6-18）

图 10-6-16

图 10-6-17

图 10-6-18

（2）前脚低位勾踢击靶+后拖步防御侧踢+前拖步勾踢反击手靶训练。（图10-6-19~图10-6-21）

图 10-6-19

图 10-6-20

图 10-6-21

（二）基础对抗训练法

对抗实战训练法，就是贴近实战要求，在保证训练安全的前提下，从限制条件的对抗训练逐步过渡到自由实战对抗训练的一种在实战中渐进培养和提高习练者对抗能力的专项训练方法，也是每一个中华武道习练者成为真正的实战高手的必经之路。

1. 限制条件对抗训练法

习练者从学习攻防技法，掌握和运用技法，到进入真正的全接触自由对抗，必须有一个循序渐进的过程，限制条件的对抗训练法，就是帮助习练者过渡到完全实战对抗的必经过程。它是在限定的范围内（如限定或指定攻击技术、防守技术、反击方式、攻击速度和力量、接触或不接触等）进行模拟对抗的一种训练方法，它的一个好处就是，通过限制条件，可以降低对抗的难度和激烈程度，帮助习练者降低对抗的心理压力，得以专注于某个部分的技战术应用，进而帮助习练者在限制性对抗中，逐步适应对抗带来的意志冲击、身体冲击，在对抗中逐步理解所学攻防反击技法的应用特点，积累初级对抗实战经验。

限制条件的对抗训练，可根据不同训练内容分门别类地安排进行，比如，规定拳法对抗、踢法对抗、拳法VS踢法对抗、一方攻，一方防或反击、只许用拳法、腿法进攻，不得使用摔法、两人一组限制击打力度和速度，进行近似实战的对抗训练等。（图10-6-22~图10-6-24）

图10-6-22

图 10-6-23

图 10-6-24

2. 自由实战对抗训练法

自由实战对抗训练，是习练者开展对抗训练的最高阶段，它融技术、战术、体能训练为一体，是对习练者综合实战能力的一种全面培养、检验，是帮助习练者提高技术、战术水平，积累实战对抗经验的有效途径。

这个阶段的训练，将完全按照正规比赛规则，现场安排裁判裁决，进行高压高速的激烈自由实战对抗。如果是以提高街头自卫对抗能力为目的，在这个阶段则会在穿戴护具保证训练安全的前提下，针对某一特定自卫情境，开展激烈的无限制的对抗训练。

有时，为增加自由对抗训练难度，训练时可以选择延长比赛时间，安排对抗各种不同风格的对手，或进行二打一、三打一、四打一的车轮战等。在实战结束后，必须及时且积极地进行总结，为进一步的技战术专项训练提供提高指南，并为下一次实战对抗训练做好准备。一般来说，实战对抗训练每周安排1~3次。（图10-6-25~图10-6-29）

中华武道基础

图 10-6-25

图 10-6-26

图 10-6-27

图 10-6-28

图 10-6-29

第十一章 太极拳入门（太极行功）

在传统武术中，各门各派往往会将许多基本功法、散手和单式反复练习的方法列为"行功"的范畴。由于"行功"具有形式简单、实用、见效快、出功夫的特点，许多拳种门派往将"行功"作为闭门练功的方法。

太极行功是在传统太极拳家练私功的基础上，作为单式单操的散手练习。本套行功根据最普及的简化太极拳中的6个主要基本单式拳架动作，按传统太极拳要领整理而成。其特点均匀、柔和、平稳，内容精简扼要，结构简练易学，增强了全面性和均衡性，且形与法有明确的规范和要领。同时，依据中医理念调动经脉气血，能够充分改善脏腑功能，使男女老少习练者在练功受益的同时能发现更多的愉悦点，进而坚持练习，强壮身心。

太极行功注重"以心行气……以气运身……行气如九曲珠，无往不利，运劲如百炼钢，无坚不摧，形如搏兔之鹘，神似捕鼠之猫，静如山岳，动如江河，蓄劲如开弓，发劲如放箭，曲中求直，蓄而后发，力由脊发，步随身换，收即是放，断而复连，往复须有折迭，进退须有转换……一动无有不动，一静无有不静……内固精神，外示安逸。迈步如猫行，运劲如抽丝。全身意在精神，不在气，在气则滞。有气者无力，无气者纯钢，气若车轮，腰如车轴"。

太极行功以太极阴阳转化、动静相生、对立统一为原理，始终贯彻于练功过程中。并突出了呼吸结合动作的导引之术，以气助动，以动引气，气尽而式成。动作要纯任自然，柔和缓慢，气贯四梢。形体动而头脑静，动静兼修，形神兼俱。

太极拳往往以套路、招式繁多而使习练者不宜深入。太极行功则以单式练习入手，一通则全通，有助于习练者对太极拳的深度了解和掌握。单式简单易学，所需场地也没有过于严格的要求。这里介绍的是太极行功的初级功法，共6式，既可以任意选择某式精炼，也可以6式连续而练。日久必能打下坚实的太极拳基础，进而再习练太极行功的中、高级阶段——"行功八势"和"行功四象"。有了太极行功的基础，再进行太极拳套路的练习，就会有突飞猛进的感觉。

一、基础练习

（一）起势

自然站立，两手以虎口领劲，带两臂上提至两手与肩同高；同时，左脚向前迈出半步；两手下按；同时，右脚向前跟半步与左脚平行，两脚间距与肩同宽，恢复自然站立。（图11-1-1~图11-1-3）

图11-1-1

图11-1-2

图11-1-3

（二）收势

两脚平行站立，两膝微屈；两手十字交叉于胸前，右手在前，掌心向内，左手在后，掌心向前；左脚后撤半步，重心后移；两手掌掌心向下自然下落；同时，右脚后撤半步，与左脚平行，两脚间距与肩同宽，两膝伸直，恢复预备势。
（图11-1-4、图11-1-5）

图 11-1-4 　　　　　　　图 11-1-5

（三）基本步法

两脚自然站立，两脚间距与肩同宽，身体左转，左脚外掰，右脚内扣，右腿蹬直成左弓步；身体左转45°，重心后移，左脚外掰，重心再移至左脚，提右脚贴至与左脚平行；右脚向前方迈步，弓右腿成右弓步。依次左右循环练习。（图11-1-6~图11-1-8）

图 11-1-6 　　　　图 11-1-7　　　　图 11-1-8

(四)动作要领

弓步时,前脚脚尖与后脚脚跟基本在一条线上,并保持在延前进方向一条直线的两边。弓步松胯,后腿膝盖外开,前腿内扣。

二、搂膝拗步

(一)动作说明

1. 起势

两脚自然站立,两手自然垂于体侧;左脚向前迈出半步;同时,虎口领劲,两臂上提至两手与肩同高;右脚向前跟半步与左脚相平;同时,两手下按至两胯旁,恢复自然站立。(图11-2-1~图11-2-3)

图11-2-1~
图11-7-4

图11-2-1

图11-2-2

图11-2-3

2. 左搂膝拗步

上体右转，慢慢后坐，重心落于右腿；左掌由左向右划弧扣至右胸前，掌心向下；同时，右掌由下向右后上方划弧托起至右肩外侧，与耳同高，掌心向上；目视右掌前方。（图11-2-4）

上身左转，随即左腿向前迈出，左腿前弓，重心移至左腿，右腿开胯撑开；同时，右臂屈肘，右掌经耳侧向前推出，掌心向前，高与鼻尖平；左掌向下经左膝前搂至左膝外上方；目视右掌前方。（图11-2-5）

图11-2-4

图11-2-5

3. 右搂膝拗步

接上式，身体后坐，重心移至右腿，左脚尖翘起，以脚跟为轴微向外掰；身体微向左转；左掌由下向后上方划弧至与肩平，掌心向上；同时，屈右肘，右掌划弧扣至左肩前；重心移至左腿，右脚跟进，脚尖着地靠在左踝内侧。（图11-2-6）

上体右转；随即右腿向前迈出，左腿开胯，松沉成右弓步；同时，左臂屈

肘，左掌经左耳侧向前推出，掌心向前，高与鼻尖平；右掌向下经右膝前搂至右膝外上方；目视左掌前方。（图11-2-7）

如此左右交替循环练习。

图 11-2-6 　　　　　　　　图 11-2-7

4. 收势

身体右转90°，左脚向右脚上步，两脚平行，与肩同宽，两手十字交叉于胸前，右手在前，手心向内，左手在后，手心向前；随后后撤右脚半步，双手成十字向前推出；重心后移，左脚后撤半步；同时，两掌掌心向下自然下落，恢复预备势。（图11-2-8、图11-2-9）

图 11-2-8 　　　　　　　　图 11-2-9

(二）动作要领

向前迈步时，前脚脚尖内扣15°左右，与后脚脚跟自然位于中心线的左右两侧，且不能超过一拳宽的距离。

向前出掌时重心前移，同时后腿膝盖外展并向后撑紧（向后脚无名趾方向撑圆），前腿大腿内扣，做到随重力微前倾，使重心前移；左右转换时，重心后移，前腿膝盖外展并向前撑紧，后腿大腿内收；左右手向胸前划弧时，不能超过胸前正中线；定势时搂膝的手定于膝盖斜前上方45°，身体正直，微微前探，不要哈腰。

（三）动作解析

一手搂膝，另一手向前推掌（异侧手脚在前为拗步），根据攻防含义称为搂膝拗步。此动作能运动腰、脊、肩、膝、腿部，突出转身、迈步，有良好的调节作用。起式至出掌的过程导引阴气上升，经足内侧至手内侧，在转换过程中导引阳气下行至足，促进经脉气血的运行。

三、揽雀尾

（一）动作说明

1. 左揽雀尾

起势（略）。

注：起势可参考"搂膝拗步"的起势，每节单式的起势和收势动作基本相同。

预备势站立；身体左转，左脚向左前方迈出成左弓步；同时，左肘微屈，左前臂向左前方弧形掤出，左掌高与鼻平，掌心向内；右手向左上方扬起，掌心向前；眼神顾及左手，目光向前。（图11-3-1、图11-3-2）

图 11-3-1

图 11-3-2

身体微向左转；左手随之前伸，掌心向下；身体再微向右转，重心移至右腿，右手向外翻掌成掌心向上，向上前伸至左腕下方，随左掌经腹前向右后方划弧下捋；随后身体微向左回转，左臂平屈于胸前，左掌掌心向内，右掌内旋，掌心向前置于左腕内侧，两手同时向前挤出，重心移至左腿成左弓步；眼神顾及两手，目光向前。（图 11-3-3、图 11-3-4）

图 11-3-3 　　　　　　图 11-3-4

— 241 —

左掌内旋，掌心向下，右掌向右前伸与左掌平，掌心向下，两掌同时向左右分开，与肩同宽；身体后坐，重心移至右腿；同时，两手回收下按，两臂划弧至胸前，两掌掌心向前下方；随后重心前移，左腿前弓成左弓步；同时，两掌向前上方按出，手腕高与肩平，两掌掌心向前；目视前方。（图11-3-5、图11-3-6）

图11-3-5 　　　　　　图11-3-6

2. 右揽雀尾

接上式，提右脚经左脚内侧向前迈出成右弓步，右手向右上方扬起，掌心向前；同时，右肘微屈，右前臂向右前方弧形掤出，右掌高与鼻平，掌心向内；左手向右上方扬起，掌心向前；眼神顾及右手，目光向前。（图11-3-7）

图11-3-7

身体微向右转；右手随之前伸，掌心向下；身体再微向左转，重心移至左腿，左手向外翻掌成掌心向上，向上前伸至右腕下方，随右掌经腹前向左后方划弧下捋；随后身体微向右回转，右臂平屈于胸前，右掌心向内，左掌内旋，掌心向前置于右腕内侧，两手同时向前挤出，重心移至右腿成右弓步；眼神顾及两手，目光向前。（图11-3-8、图11-3-9）

右掌内旋，掌心向下，左掌向左前伸与右掌平，掌心向下，两掌同时向左右分开，与肩同宽；身体后坐，重心移至左腿；同时，两手回收下按，两臂划弧至胸前，两掌掌心向前下方；随后重心前移，右腿前弓成右弓步；同时，两掌向前上方按出，手腕高与肩平，两掌掌心向前；目视前方。（图11-3-10、图11-3-11）

如此左右交替循环练习。

收势（略）。

图11-3-8 　　　　　　　图11-3-9

图11-3-10 　　　　　　　图11-3-11

（二）动作要领

在向前迈步时，前脚脚尖内扣15°左右，与后脚脚跟自然位于中心线的左右两侧，且不能超过一拳的距离。

在重心向前移动时，后腿膝盖外展并向后撑开，前腿大腿内扣，做到随重力微前倾，使重心前移；左右转换时，重心后移，前腿膝盖外展并向前撑紧，后腿大腿内合收拢。

（三）动作解析

揽雀尾包括掤、捋、挤、按四法，是太极拳的基本动作。太极拳从揽雀尾单式开始练习，熟练后更容易找到和掌握其他单式动作的要领。

四、云手

（一）动作说明

1. 左云手

起势（略）。

接上式，上体微右转，左脚靠向右脚，左脚脚尖点地，重心移至右腿；右掌经腹前向左上划弧至左肩前，与鼻同高，掌心向左；同时，左掌划弧至小腹前，掌心向上；目视右手前方。（图11-4-1）

图11-4-1

上体慢慢左转，右脚脚尖点地，重心随之逐渐左移，左脚向左横跨步，两膝微屈；同时，左掌经小腹、脸前向左上划弧，掌心向里；右掌由左上经胸前向右下划弧下按至右胯旁，掌心向下；目视左掌前方。（图11-4-2）

图 11-4-2

2. 右云手

接上式，身体重心全部移至左腿，右脚提起靠近左脚成小开步（两脚距离10~20cm）；身体渐向左转，左臂不动，左掌翻掌，掌心斜向下；同时，右掌划弧至小腹前，掌心向上；目视左手前方。（图11-4-3）

图 11-4-3

上体慢慢右转，左脚尖点地，重心随之逐渐右移；右掌由腹前向右上划弧，掌心向内；左掌由右上经胸前向左下划弧下按至左胯旁，掌心向下；目视右掌前方（图11-4-4）

如此左右交替循环练习。

收势（略）。

图 11-4-4

（二）动作要领

两手向胸前划弧时，要交替守住胸中线。左云手时，左腿支撑，右脚尖用力点地，力贯左手指；右云手时，右腿支撑，左脚尖用力点地，力贯右手指。

（三）动作解析

学会并掌握左脚贯右手力道、右脚贯左手力道。如此运用，可从云手一式上找到整体的力道。

五、倒卷肱（倒撵猴）

（一）动作说明

1. 左倒卷肱

起势（略）。

身体右转，重心移至右腿；左掌右移，掌心向前，置于胸前；同时，右掌掌心向外撑于面前；重心后移，右膝上提收至左腿内侧；同时，左掌掌心向上，经腹前向左后方下捋,屈臂划弧翻掌向上提至左耳侧后方,掌心向上;右手滚臂翻掌,右掌掌心向外置于左胸前;目视右前方。(图 11-5-1、图 11-5-2)

身体右转;右脚向后撤步,脚尖先着地,随之慢慢踏实,重心移至右腿成左虚步;同时,左掌由左耳侧立掌向前推出,掌心向前,右臂外旋翻掌,右掌掌心向上,向右后捋压停于腹前;目视左掌前方。(图 11-5-3)

图 11-5-1

图 11-5-3

图 11-5-2

2. 右倒卷肱

接上式。

身体左转,重心移至左腿;右掌左移,掌心向上托于左腹前;同时,左掌掌心向外撑于面前;重心后移,左膝上提收至右腿内侧;同时,右掌掌心向上,经腹前向右后方下捋,屈臂划弧翻掌向上提至右耳侧后方,掌心向上;左手滚臂翻掌,左掌掌心向外置于右胸前;目视左前方。(图 11-5-4、图 11-5-5)

身体左转;左脚向后撤步,脚尖先着地,随之慢慢踏实,重心移至左腿成右虚步;同时,右掌由右耳侧立掌向前推出,掌心向前,左臂外旋翻掌,右掌掌心向上,向左后捋压停于腹前;目视右掌前方。(图 11-5-6)

如此左右交替循环练习。

收势(略)。

图 11-5-4　　　　　　　　　　　图 11-5-5

图 11-5-6

(二) 动作要领

后退步时，前脚脚尖内扣15°，与后脚脚跟不能交叉，且不能超过一拳的距离；后退步重心后移，前腿膝盖外展并向前撑紧，后腿大腿内收。定势时，身体正直并略微前探，不要弯腰；前推的手不要伸直，后撤的手也不可直线回抽，随转体走弧线。前推时，转腰松胯，两手的速度应一致，避免僵硬。退步时，脚掌先着地，再慢慢全脚踏实。

(三) 动作解析

从养生角度来说，练太极拳的重心转移，可使两脚交替休息，既不易疲劳，也能增加美感，同时锻炼平衡感。

六、野马分鬃

(一) 动作说明

起势（略）。

1. 左野马分鬃

上体微右转；重心移至右腿，左脚收至右脚内侧，脚尖点地；同时，右臂收至胸前平屈，掌心斜向下，左掌经体前向右下划弧置于腹前，掌心向上；目视左前方。（图11-6-1）

上体微左转；左脚向左前方迈出，重心移至左脚成左弓步；同时，上体继续左转，两掌随转慢慢向左上右下分开，左掌高与眼平，掌心向上，肘微屈，右掌按于右胯旁，肘微屈，掌心向下，指尖向前；目视左掌。（图11-6-2）

图 11-6-1

图 11-6-2

2. 右野马分鬃

上体慢慢后坐；重心移至右腿，左脚尖翘起，以脚跟为轴外撇；上体微左转；重心移至左腿，右脚收至左脚内侧，脚尖点地；同时，两手划弧，右掌经体前向左下划弧，掌心向上置于腹前，左掌翻掌心向下；目视右前方。（图11-6-3）

身体右转；右脚向右前方迈出，重心移至右腿成右弓步；两掌随转慢慢向左下右上分开，右掌高与眼平，掌心向上，肘微屈，左掌按于左胯旁，肘微屈，掌心向下，指尖向前；目视右掌。（图11-6-4）

如此左右交替循环练习。

收势（略）。

图 11-6-3

图 11-6-4

（二）动作要领

左臂前撑时，右脚用力外撑，力贯左掌；右臂前撑时，左脚用力外撑，力贯右掌；重心随前撑前移，靠腰力挤出前臂。

七、玉女穿梭

(一) 动作说明

起势（略）。

1. 左玉女穿梭

上体微右转；重心移至右腿，左脚收至右脚内侧，脚尖点地；两掌收于两肋前，左掌掌心向下，右掌掌心向上。（图11-7-1）

身体左转；左脚向左前方45°迈出，重心移至左腿成左弓步；同时，左掌经面前上举并翻掌撑于头前上方，掌心向斜上，右掌上提经胸前向前推出，高与鼻尖平，掌心向前；目视右掌前方。（图11-7-2）

图 11-7-1

图 11-7-2

2. 右玉女穿梭

接上式，上体微左转；重心移至左腿，右脚收至左腿内侧，脚尖点地；两掌收于两肋前，左掌掌心向上，右掌掌心向下。（图11-7-3）

身体右转；右脚向右前方45°迈出，重心移至右腿成右弓步；同时，右掌经面前上举并翻掌撑于头前上方，掌心向斜上，左掌上提经胸前向前推出，高与鼻尖平，掌心向前；目视左掌前方。（图11-7-4）

如此左右交替循环练习。

收势（略）。

图11-7-3

图11-7-4

（二）动作要领

向前迈步时，前脚尖内扣15°，与后脚跟既不能交叉也不能超过一拳的距离；重心向前移动时，后腿膝盖外展并向后撑紧，前腿大腿内扣，做到重力前倾使重心前移；左右转换时，重心后移，前腿膝盖外展并向前撑紧，后腿大腿内收；出掌时的正中线为斜前方45°。

第十一章　太极拳入门（太极行功）

　　太极行功是一种简单、有效，便于快速掌握太极拳精髓的练习方法。太极行功无门派之分，这里仅选简化太极拳中的6个基本动作进行习练。习练可以分为三个阶段来进行，本节介绍的仅是入门的初级练法。首先体会和了解"左重则左虚，右重则右杳"的太极拳要领，其次按照"太极行功八势"的要领口诀进行习练，最后按照"太极四象"的要领进行训练，真正达到阴阳相济、刚柔并举的境界。

　　注：太极八势与太极四象的详细介绍可参见《乐传太极与行功》一书。

附录 习武实用谚语精选

一、话说基本功

谚语：把势把势，全凭架式。

没有架式，不算把势。

历来人们都爱把练武术叫作练把势，或叫打把势。把势成了武术的代名词。其实，把势的标准读音是八式，世人念白了，才成了把势。八式，是指武术基本功中的八种式子，至于是哪八种式子，现在各门各派的解释已不能统一了。通常的说法是外八式、内八式。外八式指封、闭、闪、胯、勾、搣、崩、打。封：封敌之门；闭：掩护自己；闪：避实就虚；胯：胯敌击人；勾：化敌之力；搣：借力使力；崩：格中进击；打：发力击打（也有人说外八式指搂、打、搪、封、弹、踢、扫、挂）。内八式指惊、惶、猛、烈、狠、毒、神、急。惊、惶：惊吓敌人，使之惶恐；猛、烈：击拳迅猛，气势雄烈；狠、毒：用意要狠，使招要毒；神、急：招法神奇，心手敏捷。

这条谚语重点不是强调练好八式，而是强调练武必须姿势正确这一原则。姿势不正确，就达不到锻炼的目的，收不到预期的效果，动作不美观，应用也不灵便。姿势就是架式，也就是架子，是要反复练习以求习惯的一种动作。练套路要注意架式，只有符合要领，姿势才能正确。马步，就是骑马蹲裆的架式，随便一蹲就不是马步；踢腿，总要挺胸迭肚，拉开山膀，勾起抿落，随便一踢便不叫踢腿。即便那些没套路的拳种，初习者在练习桩法、步法、拳法、腿法中同样要按照要领去强调架式，否则，习练者就会练得不伦不类。而没有正确的架式作基础，内外八式是练不成的。

谚语：动如涛，静如岳，起如猿，落如鹊，

立如鸡，站如松，转如轮，折如弓，

轻如叶，重如铁，缓如鹰，快如风。

这十二句谚语概括了对长拳类武术风格的要求。在动作、姿势、节奏、速度等方面都做了恰当的比喻，使习练者能通过喻体的形象理解抽象的原则。

拳种不同，风格便不一样。但长拳类的几十个拳种，如少林拳、查拳、华拳、花拳、戳脚、翻子、八极、燕青等，虽然风格节奏有很大区别，但总原则大体不离这十二句。

谚语：打拳不遛腿，必是冒失鬼。

遛腿，就是踢腿，是武术的基本功之一。无论是初习者还是老练家，都必须坚持练习。腿是全身的支柱，务必根基牢固。根基不稳，武术就没有练到家。

遛腿的作用很大。第一，它是武术运动的准备活动。将腿遛开，筋骨柔软，肌肉不僵，可减少韧带和关节的损伤；第二，腿功好，可利于表现技术动作。武术中有许多体现腿功的动作，如劈叉、弹踢、朝天蹬、倒踢紫金冠等，很多技击招法也是靠腿来完成的，如弹、踢、扫、挂、摆、碾、蹬、踹等。腿功好，武术功夫便好，腿功是表现技术的基础；第三，腿功好，可利于提高拳艺。武术技术多以下盘为基础。坚持遛腿，加强腿部力量和柔韧性，是掌握高难度动作的关键，是提高武术水平的重要手段。如翻跌、旋子转身接劈叉等高难度动作都对腿功有较高的要求。从技击角度看，也只有在腿部关节柔韧性高的条件下，才能敏捷而准确地运用各种腿法。如李小龙的迎面三脚，戳脚拳种中的玉带连环腿，这样连续以腿进攻的技击法，都只有在腿功好的基础上才能完成。

腿功包括压腿（正压、侧压、斜压、反压），搬腿（吻靴、卧靴、抱靴、端靴、蹬靴），劈腿（竖叉、横叉、卧叉、摔叉），撕腿（正撕、侧撕），控腿（前控、后控、侧控、高控），踢腿（正踢、侧踢、蹬踢、弹踢、斜踢、掀踢、踹踢、圈踢、摆踢、撩踢），扫腿（前扫、后扫、磨盘扫）等。

腿功是身体力量和柔韧的标志，是培养攻防意识的基础，必须重视。

谚语：练武不活腰，终究艺不高。

腰为周身主宰。腰活则周身灵活，腰紧则周身僵硬。腰功是集中反映身法的关键。肩、肘、腕、胯、膝各部动作全靠腰来支配、协调，所以俗话说"腰为一身之轴"。

腰功扎实，达到"腰如蛇行"的程度，翻、转、折、叠、拧等动作便会随意自如。腰需有弹性，要具有完成各种翻腾动作之腰力。腰功还是技击动作的基础，指上打下、虚左实右、明退暗进、一闪即击等都离不开扎实的腰功。检查一个人的衰老程度，也是先看其腰部的柔韧性强弱。腰功既是武术的基本功之一，也是衡量一个人健康与否的条件之一。

腰功包括涮腰、甩腰、下腰、俯腰、翻腰、拧腰、转腰、弹腰、吊腰、揉

— 255 —

腰等。

腰功和腿功是分不开的，不能重视一个而忽视另一个。通常把腰功和腿功合称为"腰腿功"，原因就在此。

谚语：抬腿轻，落地松，踢起腿来一阵风。

腿功既是基本功，那么怎样踢腿才符合标准呢？

踢腿要像走步一样，一左一右、一步一腿反复踢溜。踢腿时，大腿不用僵力，即"抬腿轻"；落腿时，不能沉重，要控制住落点和力量，叫"落地松"；一步一腿要紧紧相连，每起一腿都要讲求速度和劲力。大腿带小腿踢起，有一个加速度，这便是"踢腿一阵风"。这种踢法，可以有效提高腿部柔韧、力量、速度、灵敏等方面的素质。无论是直摆类踢法（正踢、侧踢、外摆、里合），还是屈伸类踢法（弹踢、蹬踢、踹踢、撩踢），以致平扫类踢法（扫堂腿）都应遵守这一原则。

谚语：练拳无桩步，房屋无立柱。

站桩是各门各派武术都强调的功法，也是俗话讲的"私功夫"中的一种。站桩是以静站方式调养气息、增长劲力的方法。称其为桩，是因为习练者要像木桩一样静止不动，久练之后，可以脚底生根，像木桩一样扎实稳固。

各门各派的桩功可粗分为两种。

一种为养生桩，其作用是在站桩中求气息平静，气血运行和畅。桩式一般较高，如四平桩、混元桩等。

另一种为技击桩，其作用除同养生桩外，还有锻炼腿部功力的作用，以求"气贯丹田，强若不倒之翁"。桩式多为中式、低式，如马步四平桩、虚步桩、虎步桩等。

一个习武者，腰活腿灵，招数娴熟，就是缺少桩功，脚底无根，那么演练套路，既会流于轻浮，交手实作，也会气浮身飘，容易被对手借力使力而打倒。

谚语：拳打千遍，身法自现。

这条谚语告诉习武者，只有通过长期的苦练，才能体味到武术的奥妙，才能表现出武术的内涵。因此，在锻炼过程中，应当不断地纠正缺点，使功法、技术、姿势、动作不断趋于正确。身法，即指全身动作的协调，而动作的协调，要靠苦练才能实现。

如今，武术教师多数都能以科学方法教授学生，从理论到实践，步步顾及。这对学生来说，无疑是走了捷径。过去的拳师，靠的是口传心授。特别是不少老拳师文化较低，尽管有一身本事，却说不出道理，学者只能照葫芦画瓢，依靠

"拳打千遍"去领悟武术的真谛。

虽说如今的教学法远胜于过去的教学法，然而，现在的习武者如果只希望依靠师父的讲解而不去勤学苦练便学到武术，那也不可能。因为武术是身体的运动，各种法则只有在运动中才能领会。武术主要是在运动场上学，而不是在屋子里学。

谚语：打拳不练功，到老一场空。

打拳不等于练功。拳，指锻炼的方式；功，指锻炼的实效。光注重锻炼的方式而不注重锻炼的实效，那就叫"打拳不练功"。有些习武者，学会了几个套路便三天打鱼两天晒网，练时随随便便、马马虎虎，姿势不准，动作间歇，边说边打，边想边练，这虽说也是在打拳，但不是练功，是不重效果的瞎比划。

打拳必须练功，若不练功，拳术即使打得精熟好看，终究是花拳绣腿；器械即使练得灵活利落，终究是要枪弄棒。古人认为"欲学武艺，首贵实用"，练功，就是为了实用。

现在我们强调练功，含义要广泛得多。如增加力量性、提高柔韧性、加强灵敏性、锻炼耐久力、增大呼吸量、提高反应力等，都属于"练功"的范围。技击方法的熟练掌握、技击能力的具备、养生术的通悟与运用，也是"练功"的内容。特别值得一提的是，练功的主旨在于练出过人的功力。因为"拳"人人可打，"功"却不见得人人能练成。

生活中有许多这样的例子：练了一辈子武术，结果是不能交手、不能表演、不能授徒，甚至还落下一身的病，这样的习武者徒有虚名，正是"打拳不练功"的典型。

这条谚语也作"拳无实功，一场空空"。

二、谈谈步法

谚语：打拳容易走步难。

练套路，只要准确记忆，认真模仿，反复演练，时间不需很长便能掌握，有的人还能练得非常好。当代青少年运动员，他们基本功个个超群，套路练得又熟又精，然而多数不能实作。很重要的一点，就是不会攻防进退的步法。

然而，套路是死的，越练越熟。而步法是活的，需要针对对手的动作、对手的技术水平、对手的身体素质在实作中变换。当然是死东西好练，活东西难练了。如同射击，打死靶总是比打活靶容易。平日练习步法，尽管可以对单一步法重复练、对多种步法综合练，但是，如果缺少与对手实作中的练习，就依然是纸上谈兵。所以说"打拳容易走步难"。

谚语：步不活则拳乱，步不快则拳慢。

步法在拳术中为什么占据着十分重要的地位呢？这是因为步法起着调动周身各个部位以实施各种技击战术的重要作用。技击中的进攻后退、拳打腿踢、肩顶臂撞，无不依仗步法来保持自己重心的稳定，还要靠步法的变化来动摇对手的重心，破坏其平衡。步法对，拳脚则顺；步法精，出势则疾，进退则灵。

步法，是协调手法、身法、腿法的基础。步法练好，才能保证手法、身法、腿法的施展运用。各个拳种和技击术都有自己的步法。比如，拳击和截拳道中有滑步、侧步、疾步以及快进快退等。传统武术中的步法更是多种多样，如八卦掌绕圆走转的趟泥步；戳脚左绕右划的玉环步；查拳虚实相兼的走风摇晃步，还有窜窜倒倒的醉步；模仿蛇、虎、熊、鹤、鸡等动物特征的步法。虽然这些步法都各有其特点和用法，但归结起来，规律只有一个，就是都要求身躯和四肢配合协调，巧妙地调整自己的重心，便于向前后左右各个方向出击或防守。步进身随，步退身回，始终掌握格斗的主动权。

上条谚语说"打拳容易走步难"，难，就难在一个"活"字上。只有步活，出拳才能合乎技击法则而不混乱；只有步活才能做到步快，步快才能做到"拳似流星"。

谚语：先看一步走，后看一出手。

既然步法在实作中极为重要，那么，在实作中首要的是观察对手的步子。所谓"身摇而步动"，由对手身体的微小摇摆而判断出步动的方向，由步动方向而判断进攻的意图，从而采取相应的破法。

这条谚语的另一个含义，是看一个人武功的高低，首先观察他的步法是否清晰、稳健、正确；其次才看他的拳脚是否合乎法则。因为步法好坏是一个人武功高低的标志之一。

三、说说手脚

谚语：手是两扇门，全凭腿打人。
　　　足踢敌人莫容情，全凭手领门路清。

在北方流行的拳种中，腿的用法在整个技法中占有很大比重。腿的力量大，腿比手臂长，脚上穿鞋，又比赤裸的拳头坚硬。腿法变化多端，却又迥环自如。踢、蹬、踹、碾、圈、摆、撩、踩、掀、扫是腿法的基本动作。腿法作为散打招法既要做单项训练，还要"操腿"，如绑缚重物踢腿、踢木桩等，使腿更加坚硬。戳脚、弹腿、迷踪都是讲究腿法的拳种，而戳脚实用腿法便有几十种。以腿闻名的武术家极多，像铁腿孙通（清代燕青拳大师）、铁腿魏赞魁（清末至民国期间曾被誉为御翻子）、神腿杜心五（清末至解放初，曾为孙中山先生保镖）、江南第一腿刘百川（民国至解放，著名拳师）等，都是因腿法高超而赢得雅号。

注重用腿，却不能忽视手的作用。在技击中，手有领路的作用，一要领出腿踢的方位，手虚脚实；二要领走对手的注意力，乘机而踢。手还有防守的作用，像两扇大门，想诱敌深入，就敞开大门；想拒敌于外，就紧闭大门，令其无懈可击。无论是开是闭，均以腿击中对手为目的。

这条谚语既说明了手与腿作用的区分，又指出了手与腿配合的方法。

谚语：手去脚不动，打人不能胜。

脚踢手不出，打人必负输。

在技击中，手与脚的攻防分工不应当区分过清。似乎脚只能攻，手只能防，事实上手与脚都具备攻守的能力。在技击中，手与脚应当紧密配合，各司其职，一齐出动，攻防同时进行，即所谓上下齐到，左右夹攻。手攻上，脚攻下；手攻上，脚防下；手防上，脚攻下。手脚相随，手领脚发，脚出手到。攻中寓防，防中寓攻，攻防兼至，这才是取胜之道。如果手脚不会配合，单一出击，踢腿时，两手回拳位不动，击拳时，两脚立定不移，那就破绽百出，必输无疑。

谚语：拳打三分不易，脚踢七分不难。

俗话说"胳膊拧不过大腿"，腿的力度比胳膊大得多。从练功效应上讲，手与腿要练出同样的力度，手花费的时间要比腿花费的时间多得多。

在技击中，一般都习惯把进攻与防守的任务交给上肢负担，而忽视腿的攻防作用，这多少有些避己之长，用己之短。如果腿功加强，拳脚齐出，在技击中就会主动得多。这并不是说所有拳种都应重视腿法，从而排斥注重上肢攻防技术的拳种。任何拳种都有自己的独到之处，都有自己长于别家之处。扬己之长，避己之短；以己之长，攻人之短才是正确的。这条谚语主要针对北方拳种而言。

谚语：七分看脚，三分看手。

七分与三分指主次关系。两个对持，眼光当虚视其上而实窥其下，这便是七分看脚，三分看手。因为对手进击的方位与速度都与步法相关，如被对手抢准了步子，那么在对手尚未出击时，自己的重心便已被挤乱，亏输便不远了。对手的脚尖所向、膝盖所向都预示着其进击的方位，所以留神对手的脚是必要的。初习武艺者，临场试拳，总有看不清来拳、判断不准对方意图的忧虑。这条谚语则提供了一个掌握主动，从容对敌的诀窍。

四、论论拳理

谚语：武术讲八法，拳脚要踢打。

八法是武术的八种基本功法，即手法、眼法、身法、步法、精神、气息、劲力、功夫。这八法可以说是各门各派通用的基本法。不管练何拳何械，离开这八法就练不成功夫。这八法可以说是武术技击、武术健身、武术表演的基本法。离开这八法，技击散打便难奏效，锻炼身体就可能出偏差，武术表演就不美观、不精彩。可见，这八法是武术运动各种法则中的基本法。

先人颇懂实践论，因为八法必须在实践中体现，在实践中练成。实践，就是练，所以，这条谚语便有了下半句"拳脚要踢打"，意在练武必须持之以恒，才能将八法掌握。

谚语：根于脚，发于腿，主宰于腰。

脚有支撑之能，练武术最忌脚无根。脚无根，则身易晃，重心易不稳。

以脚踢人，力发于腿。大腿带小腿，小腿催脚，力量贯于脚上，脚似鞭梢，产生巨力。腰为周身之轴，四肢运动全靠腰来主宰。腰一动，上可使背催肩，肩催肘，肘催手；下可使腰催胯，膝催腿，腿催脚。

脚无跟，腿难发，腰无力，腿也难发。要想腿击有力，当先练好桩功与腰功。

与本条谚语相似的谚语是"运动在梢，机关在腰"。

谚语：拳到眼到，眼到拳到，

　　　拳眼齐到，招招有效。

这条谚语讲述了眼光与拳脚在技击中的三种配合方法。

武术家在熟生巧，巧生精之后，便能以下意识的动作应付突然袭击。拳脚的动作往往走在眼光之前，这时，眼光就要迅疾追随拳脚。这便是拳到眼到，也叫眼随拳。在交手中，目光锐利的拳师一眼就能看出对手的意图动向，这就要目光所及，拳脚即到，看哪儿打哪儿，这便是眼到拳到，也叫拳随眼。武功达到化境，拳眼的速度几乎一致，技击的准确性、灵活性极高。心中一念，拳眼齐到，这也叫拳眼相随。

谚语：拳打三不知

拳打不知，是说发拳要迅雷不及掩耳。不知有三，即我不知，你不知，他也不知。这是说应对之捷，出招之快，自己尚不及想、对方尚不及反应、旁观者尚不及看清，对手便已被击倒。这可以说是对"无拳无意"的具体描绘。

谚语：动则法，静则型。

法，指手眼身法步协调配合完成动作的方法；型，指演练之中完成一组动作后停顿静止时的造型；动，指演练套路时的连续动作。动时，身体各部位要配合得法，快慢相间，顿挫有致；静时，造型威武优美，气势夺人。这样便能淋漓尽致地表现套路的风格特点。

五、内外兼修

谚语：外练手眼身法步，内练精神气力功。

这条谚语是对武术八法的注释。它将手法、眼法、身法、步法、精神、气息、劲力、功夫分成内外两部分，以便习练者领会法则的重点所在。而内功外功是相辅相成、相得益彰的。

手有搏转之能，眼有监察之精，脚有送行之便，身法则是对手、眼、脚、步的综合运用。身法以腰为主宰，腰一动，上可带肩、肘、腕、手、指，下可带胯、膝、腿、踝、脚。俗话说："没手没眼不成拳，没有身法难近前，步法不活已自乱，腿脚不精莫争先，"可见"手眼身法步"是习武之要领。

精神、气息、力量和功夫虽属内在功夫，却是在不断的"外练"中得到体现。精神委顿、气息短促、劲力不足的人，在练拳的时候，必是掌无力、眼无神、身不灵、步不稳。反之，练拳不讲究手眼身法步，所谓外形不合规矩，那么精神、气息、力量、功夫也难以练成。

谚语：内外合一，形神兼备。

这条谚语是讲内功外功应当和谐统一。手眼身法步指"外"，即指身体表面各部的动作，也即指"形"；精神气力功指"内"，即指精神、气质、意识的体现及人体内脏器官的锻炼，也即指"神"，内外浑然一体，密不可分。体表部位的形体动作受大脑思维活动支配，并受内脏各部器官的影响。只有使人体内脏器官的活动协调统一，才能使外部形体动作灵活自如。也只有使外部形体动作规范化，才有利于内在因素的协调统一。内与外，形与神有着相互制约、相互促进，相辅相成，不可分割的密切关系。例如，拳经讲"内五行与外五行的配合"，外五行指五手五脚，五手即崩、转、钻、带、拿；五脚即圈、点、插、摆、踢。内五行指心、肝、脾、肺、肾。五行指金、木、水、火、土。崩拳、踢腿属木，气发于肝，骨梢用力则肝脏舒，故崩拳、踢腿可以养肝；拿法、插腿属金，气发于肺，筋梢用力则肺脏宣，故拿法、插腿可以养肺；带手、摆腿属火，气发于心，必用血梢之力，故带手、摆腿可以养心血；转手、圈腿属土，气发于脾，这两个动作要运动周身全体，故转手、圈腿可以养脾；钻手、点脚属水，气发于肾，肉梢用力则肾气足，故钻手、点脚可以养肾。肝气盛，力必猛；心血足，脑力坚；肺气满，气必充；肾水足，精神旺；脾脏盈，身体必健。这种说法与中医养生学说是极其相似的。所以，练武一定要注意内外合一，形神兼备。

谚语：内练一口气，外练筋骨皮。

武术运动的优越之处在于内外兼修。不论内家外家，不论武当少林，不论南拳北腿，不论门派流派，拳理纵然众说纷纭，归根结底只有一个，即"内练一口气，外练筋骨皮。"

武术对于"气"的解释有多种，这里所讲的"气"是指人的元气，也就是人的生命力。通过武术锻炼，增强肌体的活力，改善内脏器官的功能，促进新陈代谢，人就会精神健旺，不生杂病，延年益寿。

"筋骨皮"指的是人的形体。通过武术锻炼，可以增强人的体魄，使肌肉发达，骨骼坚实，韧带柔软，皮肤光泽，使人有一副健美的体态。

这条谚语既描述了武术运动对人体的影响，也总结了武术运动的作用。

谚语：内练精气神，外练手眼身。

这条谚语，乍看与"外练手眼身法步，内练精神气力功"相同，其实是有差别的。这条谚语是从武术的六合真义着眼的。

这里所讲的六合真义，是指内三合、外三合。精、气、神为内三合，手、眼、身为外三合。拳理往往与医理有相通之处，六合之论便与中医理论相关。中医认为，精、气、神为人身三宝。先天之精源于肾，后天之精生于脾，二者均藏于肾，总称肾精，是构成人体和维持生命的基本物质。人体生存时，"精"不断化为"气"，流通全身，使人体充满生气、充满活力。"气"充则"神"聚，精神饱满，思维敏捷，意识清楚。可以说，"气"是"精"与"神"的枢纽。反之，"神"能聚"气"，"气"又能生"精"。精、气、神如此不断转化，加速人体的新陈代谢，从而可以延年益寿。所以谚语提出要"内练精气神"。

外三合指手、眼、身三者的统一。武术动作是用手、眼、身完成的，手、眼、身的锻炼是精、气、神锻炼之"形"、之"表"。六合真义便是指由外三合之表而及内三合之里，由外三合之形及内三合之神。反之，内三合之神必由外三合之形表现出来。所以，"内练精气神，外练手眼身"二者不可偏废其一。

谚语：内六合，外六合，内外相合益处多。

这里讲的六合，与上条谚语的含义不同。这里所讲的六合，是外六合与内六合。合，在这里指协调。

外六合指背与肩合，肩与肘合，肘与手合，腰与胯合，胯与膝合，膝与脚合。习练时，手一伸，背催肩、肩催肘、肘催手；脚一进，腰催胯、胯催膝、膝催脚，这便是发力的顺序。六合还要上下相配，即手足齐、肘膝对、肩胯正、背腰活。无论是从演练还是从技击方面来说，外六合都是至关重要的原则。

内六合指脑与心合，心与意合，意与气合，气与力合，力与筋合，筋与血合。中医认为脑心为主，气为元帅，力为将士，筋能生唾液，血能养元气。脑心合动，谓之意。以意导气，气行于表，见者为力。这可以理解为脑子可以产生意识，意识可以导引气的流通，气可以促使劲力的顺达，力可以使筋骨坚强，筋骨坚强便可以使身体的物质（血）充足。它反映了物质变精神，精神变物质的规律。

六、习武养生

谚语：走为百拳之长。

武术与"走"是密切相关的。何拳何功都得讲进退、闪躲、迂回、腾挪、窜步的步法，实际上就是各种"走"法。八卦掌可以说是一个专讲"走"的拳种。

"走"不仅为养生要道，也为技击要道。常言道"打拳容易走步难""步不活则拳乱、步不快则拳慢"。走法高超，便能占据有利位置，从而动摇对手重心。关于"走"的养生作用前文已做了许多介绍，此处不过多赘述。"走"可以增加下肢肌肉和韧带的活动能力，保持关节的灵活性，从而维持心血管系统的正常机能。

由此我们可以得出一个结论：走路是最有效可行又最方便的运动，迈开双足多走吧！

谚语：拳后满身汗，避风如避箭。

人的身体在正常情况下出汗，有助于机体的新陈代谢活动，能及时散发机体内过多的热量从而调节体温，又能通过汗腺发汗这个"渠道"代谢废物，且使皮肤保持酸性，有效地抵抗病原体的感染。另外，还会起到滋润、柔软皮肤的作用。

练武术，运动激烈，体内产生热量愈多，出汗就愈多，且口干舌燥。这时，往往想一吹为快，一饮为快。殊不知，吹风、暴饮都是致病的根源。吹风，封闭了汗腺，阻碍了体热的散发，影响了废物的排泄；暴饮，增加胃的负担，胃的消化能力变弱，引起身体疲乏，易受外邪侵袭。所以，练后出汗，应当先用干毛巾将汗液擦干，在气自平定下来后，可吹自然风。练后口渴饮水则不可过多、过猛，应慢慢地喝些带盐分的水，待平定后再行畅饮。

谚语：坐如钟，立如松，行如风，卧如弓。

这是从养生角度对人提出的要求。

钟放于案，不偏不倚。人坐如钟，挺直躯干，胸廓不受压挤，内腔开阔，便于心脏顺利进行血液循环，便于肺脏进行气体交换，有利于胃脏消化。对青少年来说，有利于养成健美的形体。

立松之姿，挺拔俊俏。人立如松，不仅有利于改善循环、消化、呼吸系统的功能，还有利于锻炼全身肌肉骨骼，是最普遍、最简便的锻炼方法。

四季之风，善行多变。人行如风，既能培养人朝气蓬勃的气质、灵敏反应的能力，也能锻炼内脏器官。

长弓微曲，求其自然。人卧如弓，是古人总结出的最科学的睡姿。按中医学理念，这种睡姿可安神养精。而精可生气，气可生神。精气神健旺，则人气健康；按西医说法，右卧姿可减少身体对心脏的压迫，可促进胃肠蠕动，提高睡眠质量，从而有利于解除疲劳，恢复精神。

谚语：金津玉液莫轻抛

武术前辈们常称唾液为金津玉液，强调练武时，舌抵上腭，能使唾液频生，将唾液吞咽，可延年益寿。这便是"鼓嗽生津""咽津延年"。

现代医学理念认为，唾液中含免疫球蛋白、黏蛋白、氨基酸、唾液淀粉酶、激素以及钾、钠、钙等多种成分。能帮助食物消化，缓和胃液酸度，保护牙齿健康。唾液中的激素能促进细胞的生长和分裂，加速细胞内蛋白质的合成，对青少年的眼睛、肌肉和关节的发育，有良好的作用。唾液还有助于保持青春活力，延缓器官的衰老。唾液对人体确有不可忽视的作用。

因此，习武者在运动中"频生津液"是促进健康的方法之一。而运动中或运动后大量饮水和吐唾沫的习惯是不良的。